UM MUNDO OU NENHUM

UM MUNDO OU NENHUM

Um relatório ao público sobre o pleno significado da bomba atômica

Organizado por DEXTER MASTERS e KATHARINE WAY

Prefácio *de RICHARD RHODES*
Prólogo *de NIELS BOHR*
Introdução *de ARTHUR H. COMPTON*

H. H. Arnold, Hans Bethe, E. U. Condon,
Albert Einstein, Irving Langmuir, Walter Lippmann,
Philip Morrison, J. R. Oppenheimer, Louis N. Ridenour,
Frederick Seitz, Harlow Shapley, Leo Szilard,
Harold C. Urey, Eugene P. Wigner, Gale Young
e Federação de Cientistas (Atômicos) Americanos

Tradução de **Patricia de Queiroz Carvalho Zimbres**

PAZ E TERRA

© 2007 The Federation of American Scientists
Prefácio © 2007, Richard Rhodes. Todos os direitos reservados.
Nenhuma parte dessa obra pode ser reproduzida, em nenhum formato, sem a permissão expressa do editor.
Publicada em acordo com *The New Press*, New York (www.thenewpress.com)
Traduzido do original em inglês:
One world or none

Revisão técnica: Diego Vaz Bevilaqua
Revisão: Jonathan Busato
Produção gráfica: Katia Halbe
Projeto gráfico e capa: Miriam Lerner

CIP-BRASIL. CATALOGAÇÃO-NA-FONTE
SINDICATO NACIONAL DOS EDITORES DE LIVROS, RJ

M928

Um mundo ou nenhum : um relatório ao público sobre o pleno significado da bomba atômica / editado por Dexter Masters e Katharine Way ; prefácio de Richard Rhodes ; prólogo de Niels Bohr ; introdução de Arthur H. Compton ; tradução de Patricia de Queiroz Carvalho Zimbres. - São Paulo : Paz e Terra, 2008.

Tradução de: One world or none
Inclui bibliografia
ISBN 978-85-7753-073-1

1. Bomba atômica. 2. Energia nuclear. 3. Armas nucleares. 4. Guerra nuclear - Aspectos morais e éticos. 5. Escritos de cientistas. 6. Segurança internacional - Previsão. I. Masters, Dexter. II. Way, Katharine.

08-3384.
CDD: 355.0217
CDU: 355.01

008142

EDITORA PAZ E TERRA
Rua do Triunfo,177
Santa Ifigênia, São Paulo, SP - CEP 01212-010
tel: (11) 3337-83-99
E-mail: vendas@pazeterra.com.br
home page: www.pazeterra.com.br
2008
Impresso no Brasil/ Printed in Brazil

SUMÁRIO

Prefácio *Richard Rhodes* 7
Introdução *Arthur H. Compton* 14
Prólogo: Ciência e civilização *Niels Bohr* 17

1. Se a bomba fugir ao controle *Philip Morrison* 23
2. É uma velha história nas estrelas *Harlow Shapley* 38
3. As raízes da era atômica *Eugene P. Wigner* 49
4. A nova energia *Gale Young* 64
5. A nova arma: a volta do parafuso *J. R. Oppenheimer* 79
6. A Força Aérea na era atômica *H. H. Arnold* 90
7. Não há defesa *Louis N. Ridenour* 109
8. As novas técnicas da guerra privada *E. U. Condon* 125
9. Quão próximo está o perigo? *Frederick Seitz e Hans Bethe* .. 134
10. Uma corrida armamentista atômica
e suas alternativas *Irving Langmuir* 148
11. O que isso tudo quer dizer? *Harold C. Urey* 165
12. Seria possível evitar uma corrida armamentista
por meio de um sistema de inspeções? *Leo Szilard* 181
13. O controle internacional da energia
atômica *Walter Lippmann* 193
14. A saída *Albert Einstein* 220
15. A sobrevivência está em jogo *Federação de Cientistas (Atômicos) Americanos* 226

PREFÁCIO

Richard Rhodes

Em junho de 1946, poucos meses após a primeira edição deste delgado e urgente livro ser lançada, o financista e consultor da presidência Bernard Baruch se dirigiu à Comissão de Energia Atômica das Nações Unidas em nome do governo dos Estados Unidos. "Estamos aqui", começou Baruch, "para escolher entre a vida e a morte (...) Temos que optar entre a Paz e a Destruição Mundial". Não é simples coincidência que o duro par de opostos usado por Baruch tenha encontrado eco no título deste livro, *Um mundo ou nenhum*. Ele devia conhecer o livro, uma vez que o físico Robert Oppenheimer, um de seus colaboradores, havia ajudado na formulação do plano de controle internacional da energia atômica que Baruch estava apresentando para exame das Nações Unidas. Mas, seja como for, o apocalipse estava no ar. Muitos americanos, particularmente os que tinham experiência direta com o desenvolvimento das primeiras bombas atômicas, estavam convencidos de que a única alternativa possível ao controle internacional seria uma cara e perigosa corrida armamentista nuclear que terminaria, necessariamente, numa guerra nuclear e na destruição da civilização.

Como hoje sabemos, eles tinham razão quanto à corrida armamentista. Essa corrida, até 1995, custou aos Estados Unidos cinco trilhões de dólares e faliu a União Soviética. Ao longo desse caminho, os dois adversários, por mais de uma vez, chegaram perto de um confronto nuclear.

Saber se os colaboradores deste livro estavam certos ou não quanto à inevitabilidade desse desfecho provavelmente depende da escala de tempo adotada. As armas nucleares não foram usadas de forma agressiva desde agosto de 1945, mas nada inerente à tecnologia em si ou ao sistema político internacional exclui a possibilidade de elas virem a sê-lo. Apesar das louváveis reduções, a quantidade de armas que ainda permanece nos arsenais nacionais é suficiente para devastar o mundo com fogo, radiação e inverno nuclear. A escolha crítica colocada por Baruch apenas ainda não foi enfrentada por nós.

Li *Um mundo ou nenhum* pela primeira vez quando me preparava para escrever meu livro de história *The making of the atomic bomb*, em inícios da década de 1980. Aprendi muito com ele, mas dei-lhe menos atenção do que deveria, acreditando, em minha ingenuidade leiga, que a contenção nuclear havia evitado o apocalipse previsto no livro. Também era inimaginável para mim que as nações viessem a entregar sua soberania (e seus arsenais nucleares) a um governo mundial. O Plano Baruch – o Plano Acheson-Lilienthal, para dar-lhe o nome de seus legítimos donos –, que propunha um sistema não-hierarquizado de controle na forma da Autoridade de Desenvolvimento Atômico, uma TVA* em escala mundial, fazia sentido para mim naquela época, como o faz ainda hoje. No acordo Acheson-Lilienthal, escreve o cientista político Daniel Deudney, "o sistema de Estados territoriais não é substituído, mas sim complementado por um sistema de contenção e restrição

---

* Tennessee Valley Authority. Corporação federal da década de 1930, implementada durante a Grande Depressão nos EUA (N. E.)

nuclear (...) A capacidade nuclear é separada do controle do Estado e paralisada"*.

O que escapou em minha primeira e desinformada leitura deste livro foi sua notável perspicácia. Apenas três bombas toscas e artesanais haviam sido detonadas, a Alemanha e o Japão haviam sido reduzidos a escombros, a União Soviética estava semidestruída, e os Estados Unidos detinham um monopólio nuclear que continuaria por mais três anos. Para muitos, no governo e nas forças armadas norte-americanas, as bombas atômicas eram como um ardil, uma arma sem paralelos que compensaria a forte vantagem dos soviéticos em termos de forças de terra ainda em território europeu. O presidente Truman fez cortes correspondentes no orçamento militar.

No entanto, aqui estavam cientistas, homens que sabiam mais sobre a nova tecnologia do que quaisquer outras pessoas no mundo, anunciando que as bombas atômicas tinham uma capacidade destrutiva única, que elas "nunca mais" viriam como uma ou duas, como havia ocorrido no Japão, mas sim "em centenas, até mesmo em milhares", que contra elas não havia defesa possível, que os russos as conseguiriam em cinco ou seis anos no máximo – em três anos, como previu corretamente o químico Irving Langmuir – que "todas as defesas naturais de todos os países do mundo haviam desaparecido", que a segurança coletiva, tal como praticada com êxito pelos Aliados durante a guerra recém-terminada, deixaria de ser eficaz.

Em algumas de suas conclusões, esses cientistas foram positivamente proféticos. Escrevendo aqui muito antes de Ronald Reagan imaginar sua Iniciativa de Defesa Estratégica, "um escudo", como ele disse, "que os mísseis não conseguiriam penetrar, um escudo capaz de nos proteger contra mísseis nucleares da mesma forma que um telhado protege uma família da chuva",

---

* Daniel H. Deudney, *Bounding Power: Republican Security Theory from the Polis to the Global Village* (Princeton, NJ: Princeton University Press, 2007), p. 259.

Louis Ridenour e Harold Urey rejeitaram esse sonho como uma impossibilidade física"*. "A eficiência máxima que pode ser esperada de (...) defesas ativas quando os defensores são experientes", calculou Ridenour, "fica em torno dos 90% (...) mas o efeito destrutivo dos 10% dos mísseis lançados que conseguiriam penetrar as defesas seria forte o suficiente para arrasar o alvo (...) Não há defesa". Urey, descobridor da reação de fusão nuclear que logo em seguida viria a ser utilizada na fabricação de bombas de hidrogênio com potência de megatons, bombas capazes de destruir não apenas cidades, mas regiões inteiras, foi ainda mais provocador: "Alguém entre nós poderia imaginar uma defesa tão eficaz a ponto de, em algum momento futuro, um país como os Estados Unidos decidir interromper a produção de bombas atômicas porque as defesas contra elas tornavam pouco recomendável a sua fabricação, por razões puramente militares? Creio que não".

Urey previu também as conseqüências de uma política de guerra preventiva visando a manter a hegemonia americana, mesmo que contando com uma coalizão dos dispostos: "Os Estados Unidos poderão se aliar a tantos países do mundo quanto for possível e liderá-los na conquista dos restantes (...) Supondo-se que houvesse vontade para tal e que um resultado exitoso fosse alcançado, nossa nação tornar-se-ia o país mais odiado do mundo, e esse ódio duraria um século, talvez mais".

E muito antes do 11 de Setembro, o antigo diretor-adjunto de Los Alamos, Edward Condon, previu, neste livro, a possibilidade de terroristas (que ele chamava de sabotadores) virem a adquirir ou construir bombas atômicas e usá-las como as armas de terror que elas de fato são: "Temos que aceitar o fato de que,

---

* Ronald Reagan, "Remarks at the High School Commencement Exercises in Glassboro, New Jersey, 19 June 1986".

em qualquer sala onde um arquivo possa ser guardado, em qualquer bairro de uma grande cidade, próximo a qualquer prédio ou instalação estratégica, um esforço determinado pode ocultar uma bomba capaz de matar cem mil pessoas e arrasar todas as estruturas comuns num raio de alguns quilômetros. E não somos capazes de detectar essa bomba exceto por mero acaso, esbarrando com ela no decorrer de uma minuciosa inspeção". Condon observa que Robert Oppenheimer havia chegado à mesma conclusão numa audiência realizada no Senado, pouco após o fim da guerra, quando perguntado sobre a existência de algum instrumento científico capaz de detectar tal arma onde ela estivesse escondida. "Sim", respondeu Oppenheimer em tom de caçoada, "há a chave de fenda, com a qual o investigador poderia dar-se ao trabalho de abrir caixa por caixa, até encontrar a bomba". Antecipando-se ao *Patriot Act* e ao Departamento de Segurança Interna, Condon exclamou: "Imaginem o Estado policial que resultaria dessa prática, num mundo onde a guerra ainda não foi banida!"

Por que razão esse futuro nuclear radicalmente novo era tão mais óbvio para esses cientistas que para os estadistas e generais? A resposta é surpreendente em sua simplicidade: os cientistas haviam feito os cálculos. Eles entendiam, o que não ocorria com os estadistas e generais, que a energia nuclear representava uma vasta mudança de escala. Já em janeiro de 1939, os físicos Lise Meitner e Otto Frisch informaram que a energia liberada em cada "fissão" – termo criado por eles – de um átomo de urânio é da ordem de duzentos milhões de elétrons-volt. A queima química comum, ao contrário, libera cerca de um elétron-volt por átomo. Para os físicos, essa imensa diferença de escala – de duzentos milhões para um – significava que uma quantidade de matéria que cabia na palma de uma mão, se transformada numa bomba, poderia destruir uma cidade inteira com explosão e massa de fogo, uma escala de destruição que, em 1943, mal poderia ser alcançada por uma esquadrilha de mil bombardeiros aliados carregados de altos explosivos e bombas incendiárias convencionais.

Seguia-se daí que algumas poucas centenas de bombas atômicas seriam suficientes para devastar um país. E nem ao menos a construção das bombas apresentava dificuldades insuperáveis. À medida que a nova tecnologia amadurecia e se disseminava, chegando às quantidades muito pequenas de materiais físseis necessários como combustível para uma arma nuclear – seis quilos ou menos de plutônio, 25 quilos ou menos de urânio altamente enriquecido –, passava a ser possível até mesmo para países de pouca expressão ameaçar a estabilidade política e econômica, senão a própria existência, das nações poderosas e de seus aliados. Além do mais, e talvez ainda mais importante, a posse de um estoque mínimo de armas como essas tornaria invencíveis até mesmo nações menores.

Toda a complexa história das armas nucleares estava prefigurada nesses fatos físicos simples, conhecidos de todos os bons físicos de qualquer país do mundo, um ano depois da descoberta da fissão. Os argumentos – ou apelos – apresentados neste livro são conseqüência direta desse conhecimento. Se os colaboradores exageraram ao associar a segurança nuclear a um governo mundial, eles, pelo menos, entenderam que a alternativa de buscar "a segurança nacional nos armamentos, num mundo de posse de armas atômicas", nas palavras de Condon, era um caminho enganoso, "que só alimentaria a ambição e as suspeitas de outras nações". No mundo atual, com suas oito potências nucleares além das duas outras que bicam suas cascas, a trilha que leva à segurança nacional baseada em armas nucleares acabou abruptamente à beira de um precipício.

Se iremos marchar para a destruição ou recuar para a segurança depende hoje, como já dependia em 1946, de debates, de ação popular e de entrosamento entre o público e os líderes políticos. Sendo verdade, como Albert Einstein aqui afirmou de forma tão contundente, que só "seremos capazes de solucionar esse problema quando ficar claramente evidente a todos que não há outra saída, nem uma saída mais barata para a situação atual", deveríamos então estar mais próximos de uma solução após todos esses pródigos anos, como de fato estamos. O Tratado de Não-Proliferação Nuclear (TNP), entre outros, colocou limites à proliferação atômica. O governo George W. Bush não favoreceu os tratados. O Tratado de Mísseis Anti-Balísticos foi abandonado, e o TNP deixado de lado, mas este último, pelo menos, pode ser revivido. As superpotências reduziram significativamente seus arsenais e já não se ameaçam umas às outras de forma direta. Ao mesmo tempo, os materiais nucleares em situação de segurança abaixo do ótimo e os grupos subnacionais que nada têm a perder abrem novas frentes de risco. O problema fundamental apresentado em 1946 permanece inalterado, enraizado como está na realidade física: como estabelecer um sistema global amplo de contenção nuclear? Esta nova edição de um livro repleto de informações, sagaz e, em última análise, otimista, dá muito o que pensar.

INTRODUÇÃO

Arthur H. Compton

ARTHUR H. COMPTON, chanceler da Washington University de Saint Louis, ganhou o prêmio Nobel em 1927 por suas pesquisas sobre os raios cósmicos. Dirigiu o Laboratório Metalúrgico, em Chicago, onde foram feitas algumas das descobertas mais importantes relativas ao projeto atômico[*].

Era inevitável que a humanidade chegasse a possuir o fogo atômico. O crescimento mundial da ciência e da tecnologia é a linha principal da rápida evolução do homem em direção a um ser social cuja comunidade é o mundo. A liberação da energia atômica é apenas um passo espetacular nessa evolução, parte de nossa antiqüíssima tentativa de usar as forças da natureza para dar forma ao mundo segundo nosso desejo.

Nenhum grupo de homens detinha o poder de evitar o advento da era atômica. A única escolha possível era se esses novos pode-

---

[*] Foi mantida a configuração original das notas biográficas dos autores, de forma a respeitar a historicidade do texto. "Hoje", então, deve ser entendido como se referindo a 1946, data da primeira edição em inglês deste livro (N. E.)

res deveriam primeiramente ser colocados nas mãos das nações que lutavam por preservar sua liberdade ou se deveriam ser usados por algum outro grupo com intenções de se armar de poderio nuclear. Temia-se que este último fosse um inimigo cujo objetivo era escravizar o mundo. O intenso incentivo da auto-preservação foi assim responsável por tornar disponível a energia atômica uma ou duas décadas antes do que, em outras circunstâncias, isso teria ocorrido. Aconteceu assim de o presente prometéico ter sido oferecido primeiro a nações que têm consciência de que são responsáveis, perante a humanidade, por usá-lo de forma sensata.

A terrível explosão de Hiroshima chocou o mundo, levando-o a se dar conta de que uma catástrofe assoma ao horizonte caso a guerra não seja de todo eliminada. Esse grande temor, no momento presente, ofuscou a esperança de que a energia atômica, se lhe for dada a chance, será capaz de enriquecer enormemente a vida humana. Temos agora à nossa frente a clara escolha entre ajustar, em escala mundial, os padrões de nossa sociedade, de modo a que guerras nunca mais venham a ocorrer, ou de continuar seguindo a desgastada tradição da autodefesa nacional que, se levada à sua conclusão lógica, resultará necessariamente em conflito catastrófico.

Embora, em linhas gerais, a escolha seja clara, a maneira como esse contorno será preenchido dependerá de muitos fatores ainda obscuros, entre eles, o conhecimento das verdadeiras possibilidades da energia atômica. Essas possibilidades têm de ser conhecidas antes que possamos formular legislações inteligentes ou planejar novas indústrias. Em termos militares, o que pode ser feito com a energia atômica? Em suas aplicações aos problemas cotidianos da vida humana, que promessas ela encerra? Quais as possibilidades práticas de um acordo internacional capaz de garantir nossa segurança num mundo de átomos manipuláveis?

Foi visando contribuir para a resposta a esses problemas que este volume foi elaborado. Seus autores são pessoas que estiveram ativamente engajadas nos problemas do núcleo atômico, alguns deles por longos anos. Os aspectos técnicos do problema são apresentados de forma inteligível e informada, por homens que foram responsáveis pela conversão da energia atômica no uso prático, como os líderes da engenharia nuclear que são. Os que descrevem a eficácia militar da energia atômica acompanharam desde o início o desenvolvimento da bomba, possuindo uma visão em primeira mão de seus efeitos. Os que discutem suas implicações políticas são os que há anos dedicam intensa atenção a esse problema.

As sugestões apresentadas com relação ao controle nacional e internacional da energia atômica são os pontos de vista dos indivíduos que as propõem, não representando, necessariamente, as opiniões de todos os colaboradores deste livro. Esses pontos de vista, contudo, são o resultado do pensamento maduro de indivíduos esclarecidos. Espera-se que sua apresentação nos ajude a entender as questões em pauta e as razões da necessidade de certos sacrifícios, como o da soberania nacional.

É de se duvidar que o mundo, algum dia, tenha enfrentado um problema mais grave que o do uso correto da energia atômica. Nossa grande esperança é que o presente volume venha a contribuir para que encontremos uma solução sensata para esse problema, solução que nos trará paz duradoura e deixará clara a possibilidade real de uma vida humana mais rica.

PRÓLOGO

Ciência e civilização*

Niels Bohr

NIELS BOHR, cujas pesquisas nucleares contribuíram em muito para a criação da era atômica e lhe valeram o prêmio Nobel de 1922, quando ele tinha apenas 37 anos, escapou dos nazistas fugindo de sua Dinamarca natal em 1943. Chegando à América, desempenhou um papel de relevo no desenvolvimento do projeto do urânio. Hoje, está de volta à Dinamarca.

A possibilidade de liberar imensas quantidades de energia através da desintegração atômica, que significa uma verdadeira revolução nos recursos humanos, não pode deixar de levantar, na mente de todos, a pergunta de para onde o avanço das ciências físicas está levando a civilização. Embora o crescente domínio das forças da natureza tenha contribuído de forma tão prolífica para o bem-estar humano, guardando promessas ainda maiores para o futuro, é evidente que o formidável poder de destruição hoje ao alcance dos homens pode se converter numa ameaça mortal, a não ser que a humanidade saiba se ajus-

---

* Este texto foi publicado pela primeira vez no jornal *The London Times*, em 11 de agosto de 1945.

tar às exigências da situação. A civilização vê-se confrontada com uma ameaça, talvez a mais grave de todos os tempos, e o destino da humanidade dependerá de sua capacidade de se unir para evitar os perigos que afetam a todos e, em conjunto, colher os benefícios das imensas oportunidades oferecidas pelo progresso da ciência.

Em sua origem, a ciência é inseparável da coleta e do ordenamento das experiências acumuladas na luta pela existência, que permitiram a nossos ancestrais alçar a humanidade a sua posição presente entre os demais seres vivos que habitam nossa Terra. Mesmo em comunidades altamente organizadas onde, na distribuição do trabalho, os estudos científicos converteram-se numa ocupação em si, o progresso da ciência e o avanço da civilização permaneceram intimamente entrelaçados. É óbvio que as necessidades práticas ainda servem de impulso às pesquisas científicas, mas não é necessário ressaltar quantas vezes desenvolvimentos técnicos da maior importância para a civilização tiveram origem em estudos que visavam apenas aumentar nossos conhecimentos e aprofundar nossa compreensão. Esses esforços não conhecem fronteiras nacionais, e onde um cientista abandona a trilha, outro estará pronto para retomá-la, muitas vezes do outro lado do mundo. Os cientistas há muito se vêem como uma irmandade que trabalha a serviço dos ideais comuns da humanidade.

Em nenhum outro domínio da ciência essas lições foram tão marcantes quanto na exploração do átomo, que, neste exato momento, vem trazendo conseqüências carregadas de assoberbantes implicações práticas. Como se sabe, as raízes da idéia do átomo como constituinte último da matéria remontam aos pensadores da Antiguidade, que buscavam uma fundamentação para a ordem que, apesar de toda a variabilidade, sempre se revela de forma clara no estudo dos fenômenos naturais. A partir da Renascença, quando a ciência ingressou num período de grande fertilidade, a teoria atômica foi-se tornando de importância cada vez maior para as ciências físicas e químicas, embora, até meio século atrás, fosse geralmente aceito que, por nossos sentidos serem tão grosseiros, uma prova direta da existência dos átomos estaria sempre além do alcance humano. No entanto, com a ajuda dos refinados instrumentos da técnica moderna, o desenvolvimento da arte da experimentação eliminou essa limitação, chegando mesmo a fornecer informações detalhadas sobre a estrutura interna dos átomos.

Em especial, a descoberta de que a quase totalidade da massa do átomo concentra-se num núcleo central mostrou ter conseqüências do mais longo alcance. Não apenas se tornou evidente que a notável estabilidade dos elementos químicos se deve à imutabilidade do núcleo atômico quando exposto aos agentes físicos comuns, mas também todo um novo campo de pesquisa foi aberto pelo estudo das condições especiais nas quais a desintegração desses núcleos pode ser realizada. Descobriu-se que esses processos, nos quais os próprios elementos são transformados, diferem fundamentalmente, em caráter e violência, das reações químicas, e sua investigação levou a uma rápida sucessão de importantes descobertas, através das quais foi percebida a possibilidade da liberação de energia atômica em grande escala. Esses avanços foram atingidos ao longo de poucas décadas, e um dos fatores que os possibilitaram foi uma cooperação internacional efetiva. A comunidade mundial dos físicos estava, por assim dizer, ligada numa única equipe, tornando mais difícil do que nunca desemaranhar as contribuições individuais dos que nela trabalhavam.

As sombrias realidades que vêm sendo reveladas ao mundo nos dias de hoje irão sem dúvida reacender, na mente de muitos, as perspectivas aterrorizantes profetizadas na ficção. Com toda a admiração que é devida a essa capacidade imaginativa, é contudo de importância essencial nos darmos conta do contraste existente entre essas fantasias e a situação real com que nos vemos confrontados. Longe de oferecer meios fáceis de trazer destruição como que por feitiçaria, a compreensão científica tornou evidente que o uso da desintegração nuclear para causar explosões devastadoras exige preparativos complexíssimos, envolvendo mudanças profundas na composição atômica dos materiais encontrados na terra. O estarrecedor feito de produzir uma enorme demonstração de poder com base na experiência adquirida pelo estudo de efeitos mínimos, perceptíveis somente por meio de instrumentos de extrema delicadeza, exigiu, na verdade, além de um intenso esforço de pesquisa, um enorme empreendimento de engenharia, lançando uma luz surpreendente sobre as potencialidades do desenvolvimento industrial moderno.

De fato, não apenas deixamos muito para trás o tempo em que cada homem, para defender a si próprio, podia apanhar do chão a pedra mais próxima, como também atingimos o estágio em que o grau de segurança oferecido aos cidadãos de uma nação pelas medidas de defesa coletiva tornou-se totalmente insuficiente. Contra os novos poderes destrutivos, nenhuma defesa talvez seja possível, e a questão centra-se agora na cooperação mundial visando a evitar qualquer tipo de uso dessas novas fontes de energia que não sirva à humanidade como um todo. A possibilidade de regulamentação internacional com esse fim deve ser assegurada, em razão da própria magnitude e da natureza peculiar dos esforços que serão indispensáveis para a produção dessa formidável nova arma. É óbvio, entretanto, que nenhum tipo de controle será eficaz sem o livre acesso à totalidade das informações científicas e sem a possibilidade de supervisão internacional de todos os empreendimentos que, salvo se regulamentados, poderiam se converter numa fonte de catástrofe.

Medidas como essas exigirão, é claro, a abolição das barreiras até hoje vistas como necessárias para a salvaguarda dos interesses nacionais, mas que agora se converteram em obstáculos à segurança comum contra perigos sem precedentes. Decerto que, para lidar com essa precária situação, a boa vontade de todas as nações será necessária, mas temos que reconhecer que estamos tratando de algo que, potencialmente, representa uma ameaça mortífera para a civilização. Seria difícil imaginar um melhor cenário para o enfrentamento dessa situação que o desejo sincero de buscar uma base firme para a segurança mundial, expresso de forma unânime por todas as nações que, apenas por meio de esforços uníssonos, foram capazes de defender os direitos humanos elementares. É enorme o alcance da contribuição que um acordo sobre essa questão tão vital prestaria à eliminação dos obstáculos à confiança mútua e à promoção de relações harmônicas entre as nações.

À grande tarefa que temos pela frente, que coloca nas mãos de nossa geração uma gravíssima responsabilidade para com a posteridade, cientistas de todo o mundo podem oferecer seus valiosos serviços. Os vínculos criados através do intercâmbio científico não apenas formam laços sólidos entre indivíduos de diferentes nações, mas também a totalidade da comunidade científica certamente irá se engajar no vigoroso esforço de introduzir nos círculos mais amplos uma compreensão adequada de tudo o que atualmente está em jogo, e apelar à humanidade como um todo para que o alarme aqui soado seja levado em conta. Não é preciso acrescentar que todos os cientistas que tomaram parte no lançamento das bases para esse avanço, ou que foram chamados a participar de trabalhos que se mostraram de importância decisiva na luta pela preservação de um estado de civilização onde a cultura humana possa se desenvolver de forma livre, estão prontos a contribuir, de todas as maneiras, para a criação de um desfecho para a crise que a humanidade hoje atravessa, e esse desfecho deve ser digno dos ideais defendidos pela ciência ao longo do tempo.

1

SE A BOMBA FUGIR AO CONTROLE

Philip Morrison

PHILIP MORRISON, hoje professor de Física na Universidade de Cornell, participou do projeto da bomba atômica em Chicago e em Los Alamos. A pedido do Departamento de Guerra, foi ao Japão para investigar os efeitos da bomba de Hiroshima.

Sentados numa pequena cabana de madeira, aberta como uma barraquinha de quermesse de igreja, ouvíamos o major do Estado-maior japonês vindo de Tóquio. À nossa volta, às margens do Mar Interior, o solo estava enegrecido, e as árvores, estranhamente nuas para setembro. O grupo de reconhecimento da missão do exército americano enviada para estudar os efeitos da bomba atômica havia chegado a Hiroshima. Nos escombros da área do castelo, o antigo quartel-general da Quinta Divisão, as autoridades locais haviam preparado para nós um encontro com homens que haviam sobrevivido ao desastre da primeira bomba atômica. O major era muito jovem, muito sério. Falava lenta e cuidadosamente, como alguém que quer ser traduzido de forma correta e claramente entendido. A história contada por ele é digna de ser ouvida. É a história do primeiro impacto da bomba atômica sobre a estrutura de uma nação.

Por volta das 7h15 da manhã de segunda-feira, 6 de agosto, a rede japonesa de radares de alerta precoce detectou a aproximação de algum tipo de aeronave inimiga dirigindo-se para a região sul de Honshu, sem dúvida para os portos do Mar Interior. Foi dado o alerta, e as transmissões de rádio foram interrompidas em diversas cidades, entre elas Hiroshima. Os aviões invasores se aproximavam da costa a altitudes muito elevadas. Eram quase oito horas quando os operadores de radar calcularam que o número dos aviões era muito pequeno – provavelmente não mais que três – e o alerta de bombardeio aéreo foi suspenso. Foi divulgado à população o aviso costumeiro de que talvez fosse recomendável se dirigir aos abrigos, caso B-29s fossem de fato avistados, mas que não eram esperados bombardeios, apenas algum tipo de reconhecimento. Às 8h16, o operador de controle da Empresa de Radiodifusão Japonesa notou que a estação de Hiroshima havia saído do ar. Ele tentou usar outra linha telefônica para restabelecer a programação, que também não funcionou. Cerca de vinte minutos mais tarde, o centro telegráfico ferroviário de Tóquio percebeu que a linha telegráfica principal havia parado de funcionar logo ao norte de Hiroshima. E, de algumas pequenas paradas de estrada de ferro a cerca de dezesseis quilômetros daquela cidade, começaram a chegar relatos não-oficiais e bastante confusos de uma terrível explosão em Hiroshima. Todas essas ocorrências foram então comunicadas ao quartel-general da defesa antiaérea do Estado-maior. Os militares ligaram diversas vezes para a estação telegráfica do exército localizada no castelo de Hiroshima. Não houve resposta. Algo havia acontecido em Hiroshima. Os homens do quartel-general estavam perplexos. Sabiam que um grande bombardeio inimigo não podia ter ocorrido, e também que, naquele momento, não havia uma quantidade significativa de explosivos estocada em Hiroshima.

O jovem major do Estado-maior recebeu ordens de para lá se dirigir. Foi instruído a voar imediatamente para Hiroshima num avião do exército, aterrissar, avaliar os danos e retornar a Tóquio com informações confiáveis. O sentimento geral no quartel-general da defesa antiaérea era de que nada de sério havia ocorrido, de que os dias nervosos de agosto de 1945, no Japão, haviam atiçado um boato terrível a partir de umas poucas fagulhas de verdade. O major se dirigiu ao aeroporto e decolou para o sudoeste. Após voar por cerca de três horas, a ainda cento e sessenta quilômetros de distância de Hiroshima, ele e seu piloto avistaram uma grande nuvem de fumaça ao sul. Na tarde ensolarada, Hiroshima ardia. O avião do major chegou à cidade. Sem acreditar no que viam, voaram em círculos. Uma grande ferida, ainda queimando, era tudo o que restava do centro da movimentada cidade. Sobrevoaram a pista de pouso do aeroporto militar, mas as instalações de solo estavam destroçadas. O campo estava deserto.

Cerca de cinqüenta quilômetros ao sul da cidade devastada fica a grande base naval de Kure, já muito danificada pelos ataques dos porta-aviões da esquadra americana. O major pousou no aeroporto de Kure, onde foi recebido pelos oficiais da marinha como o primeiro representante oficial do auxílio de Tóquio. Eles haviam assistido à explosão de Hiroshima. Caminhões lotados de soldados tinham sido enviados para socorrer a cidade nesse estranho desastre, mas incêndios terríveis bloqueavam as estradas, e os homens haviam retornado. Uns poucos refugiados conseguiram escapar da parte norte da cidade, com queimaduras na pele e as roupas chamuscadas, contando histórias quase histéricas de uma violência inacreditável. Grandes ventos sopraram pelas ruas, disseram eles. Ruínas e cadáveres estavam por toda parte. Cada sobrevivente descreveu a grande explosão como uma bomba atingindo diretamente sua casa. O major do Estado-maior, obrigado a assumir a mais terrível das responsabilidades, organizou em equipes cerca de dois mil soldados, que chegaram à cidade por volta do pôr-do-sol. Foram eles os primeiros grupos de socorro a entrar em Hiroshima.

O major permaneceu no comando por vários dias. A linha de estrada de ferro foi recuperada, e trens carregados de sobreviventes foram despachados para o norte. Os trens vinham principalmente de Onomishi, a cerca de sessenta quilômetros ao norte, onde havia um grande hospital naval. Logo o hospital ficou repleto, e seus estoques de suprimentos se esgotaram. Os trens, então, passaram a levar os feridos mais para o norte, até que, lá também, as instalações médicas ficaram lotadas. Algumas das vítimas viajaram de trem por mais de 24 horas, antes de chegar a um local onde conseguiram receber tratamento. Unidades hospitalares situadas a distâncias de centenas de quilômetros foram mobilizadas por Tóquio para instalar postos de primeiros-socorros em Hiroshima. Uma única bomba e um único avião haviam reduzido a cidade de quatrocentos mil habitantes a uma posição singular na economia de guerra do Japão: Hiroshima consumia bandagens e médicos, enquanto produzia apenas carregamentos de queimados e feridos. Sua história levou terror a todas as cidades do arquipélago.

Os especialistas na ciência de destruir cidades desenvolveram um conceito que descreve bem o desastre de Hiroshima, o desastre que se abaterá sobre qualquer cidade que vier a ser atingida por uma bomba atômica: o conceito de saturação. Seu significado é simples: se você atacar um homem ou uma cidade, sua vítima irá se defender. Vai atacar de volta, usar fogo antiaéreo, apagar os incêndios, cuidar dos feridos, reconstruir as casas, jogar lonas sobre as máquinas deixadas ao relento. Quanto mais forte seu golpe, mais ela fará para se defender. Mas se você atacar de uma só vez com força esmagadora, ela será incapaz de se defender. Ficará atordoada. As baterias antiaéreas da cidade disparam a toda carga, os bombeiros estão ocupados apagando as chamas em suas próprias casas. Então, você poderá, impunemente, redobrar o ataque. A vítima já está fazendo tudo o que é possível, deixa de ser capaz de responder a mais ataques, intensificando os esforços de defesa. As defesas ficaram saturadas.

A bomba atômica é, antes de tudo, uma arma de saturação. Destrói de forma tão completa uma área tão grande que as defesas são destroçadas. Em Hiroshima, havia 33 quartéis do corpo de bombeiros, todos eles modernos. Vinte e sete deles foram inutilizados pelos bombardeios. Três quartos do pessoal de combate ao fogo foram mortos ou ficaram gravemente feridos. Ao mesmo tempo, centenas, talvez milhares de incêndios irromperam nas zonas arrasadas. Como controlar esses incêndios? Duzentos e cinqüenta mil pessoas ficaram feridas em cerca de um minuto. O médico responsável pelo sistema de saúde pública foi soterrado sob sua casa. Seu assistente também morreu, assim como o assistente do assistente. O comandante das forças armadas foi morto, assim como seu ajudante e o ajudante do ajudante e, na verdade, todos os membros de sua equipe. Dos 298 médicos registrados, apenas trinta estavam em condições de cuidar dos sobreviventes. De um total de cerca de 2.400 enfermeiros e auxiliares de enfermagem, apenas seiscentos estavam prontos para o trabalho após a explosão. Como seria possível cuidar dos feridos e organizar a evacuação de forma correta? A subestação de energia elétrica que servia o centro da cidade fora destruída, a estrada de ferro interrompida e a estação ferroviária, arrasada e incendiada. As redes telefônicas e telegráficas, desmanteladas. Todos os hospitais da cidade, com a exceção de um, foram fortemente danificados, e nenhum deles era capaz de abrigar seus pacientes da chuva – mesmo que sua estrutura de concreto permanecesse de pé – sem telhado, paredes ou esquadrias. Áreas inteiras dos subúrbios permaneceram ilesas, mas seus habitantes não foram capazes de prestar ajuda eficaz, por lhes faltar liderança, organização, suprimentos e abrigo. As defesas japonesas já se haviam mostrado insuficientes sob os tremendos bombardeios dos B-29s, que causaram devastação em tantas cidades do país. Mas, sob o impacto da bomba atômica, as defesas já sobrecarregadas chegaram ao ponto de total saturação. Em Nagasaki, alvo da segunda bomba atômica, a organização do socorro foi ainda mais precária. As pessoas haviam entregado os pontos.

Um funcionário do governo de Hiroshima, apontando para sua cidade arrasada, disse: "Tudo isso causado por uma única bomba. É insuportável". Nós entendemos o que ele queria dizer. Semana após semana, um imenso número de B-29s, partindo das Ilhas Marianas, deixou em chamas cidades de todo o Japão. Mas, pelo menos, havia avisos. Você sabia, quando o governo anunciava que um grande bombardeio estava ocorrendo, que, embora a população de Osaka fosse enfrentar uma noite infernal, você, em Nagoya, poderia dormir. Pois é impossível esconder a aproximação de mil aviões de bombardeio, e os ataques obedeciam a um padrão. Mesmo assim, todos os dias, em qualquer cidade dessa cadeia, havia sempre a chance de alguns aviões americanos aparecerem. Esses aviões de reconhecimento podiam ser de aerofotografia, de meteorologia, ou até mesmo simples provocação. Mas nunca antes um único avião havia destruído uma cidade inteira. Agora, tudo havia mudado. Qualquer avião que passasse, voando quase que além do raio de alcance das baterias antiaéreas, podia despejar morte e chamas sobre toda uma cidade. O alerta, a partir de então, teria que ser soado dia e noite em todas as cidades. Se os bombardeiros voavam sobre Saporo, a população de Shimonoseki, a mais de mil quilômetros de distância, ainda assim teria que temer até mesmo um único avião. Isso era insuportável.

Se houver outra guerra, uma guerra atômica, nem sequer haverá alarmes. Uma única bomba pode saturar uma cidade do tamanho de Indianápolis, ou todo um distrito de uma grande cidade, como a Baixa Manhattan, o Telegraph Hill e a Marina, ou o Hyde Park e a Costa Sul. As bombas podem ser lançadas de aviões ou de foguetes, aos milhares, e todas de uma vez. Que medidas de defesa haveria? Muitos métodos serão tentados para destruir as bombas ainda no ar, mas é impossível que tenham uma eficácia de 100%. Não é fácil imaginar o que até mesmo uma única bomba poderá fazer. Assistimos aos testes no deserto do Novo México, estudamos a fundo e calculamos os danos que uma cidade sofreria. Mas, no solo, em Hiroshima e Nagasaki, encontramos a primeira prova categórica do dano causado pela atual bomba atômica.

As ruas e os edifícios de Hiroshima não são familiares aos americanos. Mesmo vendo as fotografias da devastação, fica-se com uma idéia apenas abstrata e remota. Uma compreensão mais clara e mais verdadeira só é possível se imaginarmos a bomba caindo sobre uma cidade americana, em meio a prédios e pessoas que conhecemos bem. A diversidade de experiências terríveis que vi em Hiroshima e que me foram relatadas por seus cidadãos irei projetar num alvo americano. Por favor, não acreditem que aqui haja exagero. A história será contada de forma sóbria, e em nada aumentará a real capacidade da bomba. Falará de apenas uma bomba, mas, se houver uma guerra atômica, vinte cairão. Sua cidade, também, é um bom alvo.

As torres de radar de microondas de alerta precoce, localizadas na costa de Jersey e mais para o norte, além de Riverside, haviam registrado a aproximação do míssil. Eram 12h07 quando elas notaram o fim do sinal, e os operadores se perguntaram o que teria sido. Quando os circuitos telefônicos falharam e o teletipo parou, eles começaram a se preocupar. Ao ouvirem os trêmulos e perplexos noticiários da WABC, alguns minutos mais tarde, entenderam o que havia causado a marca em sua tela. Um dos homens foi para fora com sua câmera e, olhando para o norte no forte sol do meio-dia, viu a grande coluna de fumaça já esperada. O vento havia soprado do noroeste o dia inteiro, e é interessante observar que a nuvem radioativa passou sobre as mesmas instalações de radar que haviam sido as primeiras a detectar o míssil. O medidor de radiação da estação acusava uma quantidade inofensiva de radiação gama, mas o filme fotográfico estava fortemente velado.

O dispositivo foi detonado a cerca de oitocentos metros de altura, logo acima da esquina da Terceira Avenida com a Rua Vinte, próximo ao Gramercy Park. Era evidente que não tinha havido um alvo preciso, apenas Manhattan e sua população. O clarão assustou todos os nova-iorquinos que estavam ao ar-livre, de Coney Island até o Van Cortland Park, e, no minuto que levou para que o som se deslocasse sobre toda a grande cidade, milhões fizeram uma vaga idéia do que havia acontecido.

A área próxima ao centro da explosão era uma cena inacreditável. Desde o rio até a Sétima Avenida, e do lado sul da Union Square até as ruas trinta e poucos, as calçadas estavam coalhadas de mortos e moribundos. Os senhores idosos sentados nos bancos da praça nunca souberam o que havia acontecido. Quase todos tinham a metade do corpo carbonizada, no lado exposto à bomba. Por toda parte, em todo o bairro, havia homens com as roupas em chamas, mulheres com terríveis queimaduras vermelhas e negras, e crianças mortas, atingidas quando corriam para casa na hora do almoço. Os milhares de antigos prédios de tijolo e pedra castanha aglomerados em torno do elevado e entre os rios foram violentamente abalados em questão de segundos. Parapeitos e varandas desabaram sobre as ruas, os vidros das janelas caíram, às vezes para fora, às vezes para dentro, dependendo da complexa geometria dos velhos prédios. Os forros despencaram sobre as cabeças dos moradores, velhos pisos e escadas desmoronaram sob o tremendo vento da explosão, e apenas as paredes mais sólidas continuavam de pé, marcando o contorno dos prédios. Mais próximo ao centro, muito pouco havia sobrado. Muitas das ruas estreitas que passavam entre os velhos prédios de cinco andares, de tijolo ou de pedra, estavam abarrotadas de entulho. Aqui e ali, edifícios desmoronados haviam empilhado imensos e patéticos monturos de escombros, onde os utensílios e apetrechos da vida cotidiana amontoavam-se num pandemônio inútil e fumegante. Havia incêndios por toda parte, em geral lambendo destroços já imprestáveis, mas dificultando tragicamente a fuga dos feridos e o lento trabalho das semi-atordoadas equipes de socorro.

A estrutura elevada resistiu relativamente bem. Todas as estações elevadas, da Rua Quatorze até quase que o centro da cidade, estavam em ruínas. As escadas haviam desaparecido, os frágeis pisos e as velhas balaustradas barrocas amontoavam-se na rua. Apenas as molduras lisas de aço permaneciam intactas, em sua maioria. Nos quarteirões próximos à Rua Vinte e Três, até mesmo as estruturas haviam desaparecido, e só restavam retorcidas colunas verticais elevando-se sobre o pesadelo de aço a seus pés. Ali, muitas vidas foram perdidas. Um trem que ia a toda velocidade em direção ao norte havia descarrilado próximo à esquina da Segunda Avenida com a Rua Vinte, e as chamas que faziam arder toda a área pareciam se originar de seus escombros. Umas poucas garagens e armazéns de concreto mantinham-se de pé em meio às esqueléticas estruturas dos trilhos elevados, mas as rajadas de vento que os varreram haviam destroçado seu interior. O fogo, em geral, terminava o trabalho.

Os grandes edifícios não foram destruídos, nenhum deles estava próximo o suficiente da explosão. Mas não saíram ilesos.

A alta Metropolitan Tower era a mais danificada. A estrutura de aço erguia-se íntegra quase até o topo, embora gravemente retorcida na altura do trecho de dez andares, cujas paredes haviam desmoronado sobre a rua. As divisões internas, do décimo-sexto andar para cima, haviam desaparecido por completo, e até mesmo alguns pisos haviam cedido, fazendo com que o prédio, do vigésimo andar em diante, parecesse uma espécie de colméia esburacada. Mais tarde, soube-se que mais de cinqüenta pessoas haviam conseguido descer dos escombros. Sabe-se hoje que dezoito das mortes por radiação registradas nos hospitais de Saint Louis foram de pessoas que estavam nos andares mais altos do prédio quando a bomba explodiu. A maioria dos que estavam abaixo do décimo andar não sofreram ferimentos fatais. Fraturas e lacerações causadas por estilhaços de vidro foram as principais causas dos ferimentos. Centenas das pessoas que estavam no lado sul do edifício morreram, duas ou três semanas após a explosão, de efeitos radioativos. Entre elas, um renomado engenheiro aeronáutico, que conseguiu escapar ileso do clarão radioativo e da explosão por estar atrás de uma coluna de aço, no lado sul do primeiro andar, próximo às janelas. Ele, com grande coragem, trabalhou o dia inteiro na equipe de salvamento que veio em socorro da torre. Os fortes sintomas de náusea que começou a sentir às seis horas da tarde fizeram com que procurasse um hospital na Filadélfia, onde veio a morrer doze dias depois, trabalhando num relatório para a aeronáutica sobre a extensão dos danos causados às estruturas de aço.

O Empire State Building, a quase dois quilômetros de distância, conseguiu escapar com danos surpreendentemente leves. As estruturas de rádio e a ornamentação externa do pináculo foram arrancadas. As janelas, é claro, se estilhaçaram, e as divisórias leves e as paredes externas envidraçadas dos andares superiores sofreram grandes estragos. As máquinas dos elevadores ficaram gravemente danificadas pelo estranho desmoronamento de uma viga, deixando muitas pessoas presas nos carros imobilizados. O clarão chamuscou papéis e cortinas, provocando incêndios em todos os escritórios localizados na face voltada para a explosão. Esses incêndios demoraram um ou dois dias para serem controlados. Por meses após a explosão, a alta torre parecia erguer-se em desafio na extremidade norte do bairro arrasado, mas o prédio estava inutilizado, exceto nos andares mais inferiores. Seus ocupantes não se saíram tão bem quanto a estrutura de ferro e concreto. O grande pronto-socorro instalado nos corredores e nas salas dos cinco primeiros andares atendeu a muitos deles e encaminhou outros tantos para as sepulturas comuns do departamento de Polícia.

O mundo subterrâneo da cidade saiu relativamente ileso. Quando a energia elétrica caiu em toda a parte leste da Baixa Manhattan devido à destruição das subestações de transformadores, apenas o fornecimento do metrô pôde ser restabelecido. As grades da Lexington desmoronaram e, na área próxima à explosão, um ou dois grandes afundamentos de solo interromperam o tráfego na IRT, e canos estourados inundaram parte dos túneis. Mas a maior parte dos passageiros e dos funcionários do metrô escapou. Algumas centenas deles foram pisoteados num sério pânico que irrompeu na entrada da Rua Trinta e Quatro e, numa área muito próxima ao ponto de impacto, um vagão chocou-se contra os escombros subterrâneos. Algumas pessoas caminharam pelos túneis do metrô, rumo ao norte, até o Bronx, não acreditando que fosse seguro subir à superfície em local mais próximo à bomba. Homens que trabalhavam nos subsolos dos grandes edifícios ficaram horrorizados ao subir para verificar por que as luzes haviam se apagado. Tudo o que eles perceberam da grande explosão foi um tremor no solo e poeira de gesso caindo do teto.

A proximidade do hospital Bellevue com relação ao ponto de impacto – cerca de oitocentos metros – foi trágica. Os longos muros de tijolo desmoronaram. Apenas uns poucos pacientes, aqui e ali, conseguiram sobreviver. Os médicos e enfermeiros não tiveram tempo para salvar sequer os cuidadosamente preparados suprimentos de emergência. O fogo atacou as ruínas, e as cenas que se seguiram foram indescritíveis. A destruição do Bellevue foi um duro golpe para a organização do socorro à cidade, e causou atrasos em seus planos de ação.

Muitas histórias de sorte inacreditável e de magnífico heroísmo foram contadas. Um homem, aprendiz de soprador de vidro, caminhava pela Avenida Lexington em sentido sul, indo para a Rua Vinte e Quatro. Ele descreveu o grande clarão, mas ficou protegido de uma visão direta pelo canto de um edifício. A explosão o jogou ao chão, arremessando-o pela rua, mas nenhum objeto pesado o atingiu, e ele escapou sem ferimentos sérios. Trabalhou o dia todo e a noite toda, levando para o norte os feridos graves e arrancando muitas pessoas dos escombros. Apesar de estar a apenas algumas centenas de metros do ponto logo abaixo do ponto de impacto, não apresentou sintomas de lesão radioativa. Que se saiba, ele foi a única pessoa, num raio de dez quarteirões, que estava na rua e sobreviveu sem ferimentos graves, e não mais que mil dos hospitalizados que conseguiram se recuperar estavam tão próximos ao ponto de impacto quanto ele.

As histórias mais trágicas de toda a catástrofe foram as mortes por radiação, que atingiram até mesmo pessoas que se encontravam em locais mais distantes, nas redondezas da Biblioteca Pública ou da Sede da Polícia, mais ao sul, embora a maioria delas estivesse nas ruas localizadas entre o rio e a Quinta Avenida, no trecho entre as ruas Dez ou Doze e as Trinta e poucos. Todas elas tiveram sorte. A maioria dessas pessoas havia escapado de forma inacreditável de incêndios, de clarões radioativos, de desmoronamentos de edifícios. Outros à sua volta não conseguiram se salvar, mas elas rastejaram, feridas porém ainda vivas, para fora de casas ou lojas, de plataformas elevadas ou de escadas de porão. Algumas haviam visto o grande clarão, sentido o chão afundar, e conseguido, dez minutos mais tarde, abrir caminho entre as ruínas de suas casas e sair para a rua. Outras saíram do ônibus ou do carro em que estavam, que havia sido atirado contra uma parede, e retirado os mortos e moribundos que, minutos antes, eram passageiros como elas. Todas essas pessoas tiveram sorte, como elas mesmas afirmaram. Algumas estavam surpreendentemente ilesas, como o engenheiro aeronáutico. Mas todas morreram. Morreram nos hospitais da Filadélfia, de Pittsburgh, de Rochester e de Saint Louis nas três semanas que se seguiram ao bombardeio. Morreram de hemorragias internas impossíveis de estancar, de infecções de fogo selvagem, do lento escorrer do sangue para dentro da pele. Nenhum tratamento fazia efeito, e seu fim não foi lento nem rápido, mas inevitável. Elas foram relativamente poucas – os médicos polemizaram durante meses sobre seu número, que certamente atingiu vinte mil, podendo ter sido bem maior.

Mesmo as pessoas que estavam a maior distância e viveram os dias que se seguiram, também sofreram. Casas e escritórios localizados até a altura da Quinta Avenida e do Fulton Market foram sistemática e gravemente danificados, até mesmo os do outro lado de ambos os rios. Cada quarteirão teve desmoronamentos de estruturas de alvenaria, paredes estilhaçadas e pelo menos uma dúzia de mortos. Poucas janelas ficaram intactas na Ilha de Manhattan, e muitos milhares traziam curativos no rosto, marcando o alvo dos estilhaços de vidro. Mas suas vidas continuaram, os danos foram lentamente reparados, e os que lá nada tinham a fazer ficavam bem longe da grande cicatriz que havia sido a área das ruas Vinte. O desvio do tráfego e os consertos das redes telefônicas, de eletricidade e de água afetaram a vida econômica de toda a cidade. Os danos, de muitas maneiras, foram sentidos como uma grande carga sobre a capacidade de recuperação da cidade de Nova York, e a perda de um décimo de sua população e de seus bens diminuiu pela metade sua produtividade. Muitas pessoas foram embora, tentando esquecer.

As estatísticas nunca foram muito precisas. Todos concordam que cerca de trezentos mil perderam a vida. Pelo menos duzentos mil foram enterrados ou cremados pelas equipes da polícia voluntária e da brigada do exército enviada para prestar ajuda. Os demais ainda estavam soterrados sob as ruínas, ou haviam sido incinerados e reduzidos a vapor ou cinzas. Outros tantos haviam sofrido ferimentos graves e abarrotavam os hospitais a leste, transformando, naquele verão, as cidades praianas de Long Island e New Jersey em cidades-hospital.

Cada um dos oito milhões de habitantes tinha sua história para contar. O homem que viu a explosão através da tela da jaula dos macacos, no Central Park, e carregou, por dias a fio, no estranho bronzeado avermelhado de seu rosto, as marcas brancas da sombra da tela, ficou famoso. Os amadores que pegaram *souvenirs* radioativos no trecho de alta radioatividade que fez adoecer o Greenwich Village por longas semanas ficaram tão conhecidos quanto os que encontraram contornos queimados de sombras humanas estampados no papel de parede e no gesso das divisórias de milhares de casas destruídas.

Foi assim que a cidade de Nova York sofreu sob uma bomba, e o relato só é irreal num único sentido: o de que as bombas nunca mais virão em uma ou duas, como ocorreu no Japão, mas sim em centenas, até mesmo em milhares. Mesmo se, por meios até agora desconhecidos, conseguirmos deter até 90% dos mísseis, seu número ainda assim será grande. Se a bomba fugir ao controle, se não aprendermos a conviver, para que a ciência venha a trabalhar para nós e não contra nós, nosso futuro é certo. As cidades dos homens irão desaparecer da face da Terra.

2
É UMA VELHA HISTÓRIA NAS ESTRELAS

Harlow Shapley

HARLOW SHAPLEY, um de nossos mais ilustres astrônomos, é diretor do Harvard College Observatory. O Dr. Shapley também é autor de um grande número de livros e artigos sobre astronomia e, aqui, conta a história da transmutação atômica nas estrelas.

Os historiadores do próximo milênio certamente saberão registrar de forma correta o fato de que a energia atômica ingressou na civilização humana e em sua economia prática na primeira metade do século XX. Mas o registro de que a produção de energia atômica ingressou na economia das estrelas em 3.000.000.000 a.C. é menos preciso. Embora a data seja incerta, o fato é indubitável. A liberação e o uso da energia atômica é uma velha história no Sol e nas outras estrelas. Esse fato foi aceito como um dos princípios fundamentais da astrofísica duas ou três décadas antes de a quebra do átomo de urânio ter sido deliberadamente alcançada em um dos planetas do Sol.

Vale a pena resumir a história da transmutação atômica nas estrelas em um livro sobre as origens, a natureza e as responsabilidades da nova era atômica. Vale a pena contá-la por duas excelentes razões. Uma delas é que a transmutação atômica e a liberação de energia nas estrelas são fenômenos que se encontram no próprio cerne, medula e raiz dos conhecimentos fundamentais sobre o universo. Uma cosmologia aceitável tem que se basear na inter-relação entre a matéria e a radiação, e deve explicar de forma satisfatória essas relações ao longo de todo o espaço e de todo o tempo.

O segundo atrativo da história vem do curioso fato de que foram os ossos e as plantas fossilizados em nossas rochas terrestres que nos ensinaram sobre a quebra do átomo nas estrelas.

Aconteceu assim: os astrônomos, há muito tempo, começaram a medir o total da luz emitida pelo Sol. Eles conheciam a grande distância que separava a superfície solar da superfície terrestre – mais de 150 milhões de quilômetros. Conseguiam medir de forma direta quanta energia radiante chega a cada segundo a cada metro quadrado da superfície da Terra. As mensurações e os cálculos são simples. Vista do Sol, a Terra é quase imperceptível. Verificamos, aliás, que ela obstrui menos que uma parte em dois bilhões da radiação solar emitida. Uma vez que tanto calor e tanta luz chegam até nós apesar de nosso minúsculo quinhão, é óbvio que o Sol é um estupendo produtor. A quantidade de radiação é tão alta que astrônomos atentos do início do século XIX começaram a se preocupar com ele. Será que o Sol acabaria por esgotar suas fontes de fornecimento e logo iria se exaurir? Como essa energia furiosa poderia se manter por tempo suficiente tendo dado conta do passado historicamente registrado e ainda suprir o futuro esperado?

A suposição primitiva de que o Sol simplesmente queima da mesma forma que o carvão oxida em nossos fornos nunca alcançou aceitação científica. Foi apresentada uma solução melhor, de que os meteoros e cometas que caem no Sol talvez forneçam um suprimento suficiente, através do atrito e do impacto na superfície solar. Mais tarde, Helmholtz e seus seguidores apontaram uma fonte suficiente de energia solar na contração regular e automaticamente regulada do Sol gasoso. Isolado no espaço gélido, o Sol tende a esfriar com sua radiação de calor. Esse esfriamento resulta numa tendência a encolher, com o condensamento da atmosfera em direção ao centro do Sol. Mas esse encolhimento transforma energia de posição em energia para radiação, e ele, conseqüentemente, tende a se aquecer. Essa combinação de processos resulta na manutenção da constância da radiação emitida.

Mas acontece que há algo de errado com essa solução. É aqui que os fósseis entram em cena, e também o fenômeno da radioatividade. E é aqui, aliás, que o famoso elemento urânio ingressa na história da energia atômica e da economia de combustíveis das estrelas.

Há muito que os geólogos são almas cautelosas. Eles encontram fósseis de animais e de plantas em muitas rochas de muitas terras. São bastante evidentes os indícios de que são muito antigos. Mas que idade teriam essas camadas profundas que contêm vestígios de animais e de plantas extintos? Bastante atormentados pelos teólogos do século XIX, os geólogos, por muito tempo, se contentaram em estimar as eras paleozóicas em dezenas ou centenas de milhares de anos e, mais tarde, em modestos milhões de anos.

Então Bequerel e os Curie entraram em cena e, com eles, logo vieram o rádio e a sensacional propriedade da radioatividade natural contida no rádio, no tório, no actínio e no urânio. A *quebra artificial* do átomo de urânio, que hoje tanto nos preocupa, ainda estava num futuro distante. Mas a *quebra natural* do átomo de urânio, sua transmutação automática num elemento um pouco mais leve através da expulsão de uma partícula alfa (núcleo do átomo do hélio), já havia sido reconhecido em 1896.

E logo se deduziu que essa quebra vinha ocorrendo durante todo o tempo da existência da Terra, e talvez fosse ainda mais antigo. O núcleo do átomo revelou seus poderes internos há cinqüenta anos, quando foram observadas a emissão de radiação intensa e as partículas de alta velocidade que são os subprodutos da radioatividade natural.

Quando começamos a tratar tumores com rádio, começamos também a fazer uso do poder do núcleo atômico. Foi então que os filhos da terra passaram a imitar as estrelas dos céus, passando a conviver com a energia atômica em estado bruto. Pisaram a soleira da era atômica, cujas portas, agora, abriam-se.

O uso específico do urânio que mais interessa a esta parte de nossa história é sua utilidade como um relógio para medir a idade das rochas. Sua contínua e inevitável deterioração rumo a produtos finais como o chumbo e o hélio faz com que o urânio seja de especial importância como medida do tempo decorrido. Quanto mais hélio e quanto mais chumbo encontramos numa rocha que contenha urânio, há mais tempo esse urânio terá estado em operação, e mais antiga será a rocha.

As primeiras medições produziram resultados revolucionários. A velha cautela dos geólogos e paleontólogos foi dissipada pela nova geoquímica. Verificou-se que a escala de tempo daí resultante era confortavelmente longa para acomodar os lentos processos de mudanças geológicas e de desenvolvimento biológico. Ela era consistente com as evidências da erosão e da sedimentação. Mas, agora, os astrônomos viam-se em apuros.

Como costumamos dizer, o que acontece com o Sol acontece também com as estrelas. Resolva o problema da energia solar e você terá explicado a operação radiante do universo sideral. Se a contração funciona para o Sol, ela tem que funcionar em outros lugares. Dessa forma, a teoria temporariamente satisfatória da contração começou a perder terreno como crença aceitável. Ela era limitada demais para suportar a pressão do tempo, e foi derrotada pelas samambaias arcaicas das formações carboníferas, por sua antiguidade recém-estabelecida e pelas evidências geoquímicas de que as samambaias e as rochas de urânio contíguas a elas exigiam uma escala de tempo muito, muito longa.

Em outras palavras, a súbita compreensão de que a superfície da Terra é extremamente antiga fez com que se tornasse necessário reexaminar as teorias das fontes da luz solar e, em especial, refletir sobre o caráter da luz solar ancestral. Pois é evidente, mesmo para a observação amadora dos vestígios da vida paleozóica, que as condições de vida (no que se trata de ar e luz) eram praticamente as mesmas há trezentos milhões de anos do que são hoje, o mesmo valendo, provavelmente, para quinhentos milhões de anos. Os catadores de fósseis e os químicos que trabalhavam com a radioatividade das rochas haviam descoberto, por acaso, algo muito maior do que eles imaginavam.

Foi dado o nome de serendipidade a essa faculdade ou fato de, acidentalmente, se encontrar um resultado de significado superior quando se procurava por alguma outra coisa. Isso ocorre com freqüência, mas raramente levou a uma revelação tão magnífica quanto essa exibição da vida secreta das estrelas. A serendipidade funcionou quando o geoquímico mediu a razão de chumbo para urânio em vários estratos antigos de rochas, enquanto o paleontólogo refletia sobre as estruturas dos fósseis vegetais. Eles chegaram a resultados que forçaram o astrofísico a se voltar, com vigor renovado, para a busca de uma explicação satisfatória para a constância da luz solar e fazer uma invasão especulativa na física nuclear, para lá encontrar uma pista sobre o advento de uma era atômica terrestre. Não poderia haver exemplo melhor do amálgama e da recomendável cooperação das diversas ciências altamente especializadas.

Vejamos como essa pista foi seguida pelos cientistas. Em 1904, J. H. Jeans, um cosmogonista de visão, sugeriu que se, em sua frenética agitação, os elétrons e os prótons da matéria de alta temperatura colidissem e se exterminassem uns aos outros, haveria então uma liberação real de energia. (Isso ocorreu 25 anos antes de o nêutron ser aceito como um dos principais componentes do núcleo atômico, e como o equivalente do próton com sua carga positiva aniquilada.) No ano seguinte, Einstein e a teoria especial da relatividade forneceram o miraculoso maquinário matemático que permitiu o cálculo da exata quantidade de energia que seria liberada na aniquilação da matéria, total ou parcial, uma vez que, no novo princípio físico, matéria e energia eram de fato equivalentes. Gramas de matéria e ergs de energia eram a mesma entidade com constituições diferentes.

A equação de Einstein afirma que, se você souber o macete, conseguirá obter 9×10^{20} ergs por grama – uma tremenda produção, bem ilustrada pela observação de Hans Bethe de que 28 gramas de matéria é energeticamente equivalente à produção de todo um mês da grande usina hidrelétrica de Boulder.

Os astrônomos chegaram à conclusão de que as estrelas sabem o macete. Em seus quentes interiores, conseguem transformar os átomos de matéria em energia radiante, que modifica em muito suas superfícies e que chega até nós como luz solar ou estelar. Embora o Sol, nesse processo, perca por radiação mais de quatro milhões de toneladas de sua massa a cada segundo, sua matéria total é tão imensa que ele pode funcionar ininterruptamente por milhões e milhões de anos. As poucas centenas de milhões de anos de luz solar constante exigidas pelas evidências da paleontologia seriam agora facilmente supridas. Na verdade, o Sol e as estrelas não precisariam aniquilar por completo a matéria para fornecer energia, podendo, por exemplo, transformar apenas 1% da massa de seus átomos em radiação e, mesmo assim, atender plenamente a todas as necessidades.

Ao que parece, as estrelas trabalham com essa base percentual. A transmutação do hidrogênio, o elemento mais leve, em hélio, o segundo mais leve, com a transformação concomitante de um pequeno incremento da massa envolvida na radiação, é o que ocorre nos quentes interiores das estrelas construídas no modelo solar.

Ao que tudo indica, em algumas das estrelas, as temperaturas internas são baixas demais para que a síntese hidrogênio-hélio ocorra efetivamente, mas há outros processos atômicos possíveis e prováveis. Acredita-se hoje que os outros átomos leves – deutério, lítio, berílio, bário – sejam colaboradores potenciais na produção de energia por transmutação atômica no interior das estrelas.

No interior do Sol, onde o hidrogênio se transforma em hélio, a temperatura é de mais de vinte milhões de graus centígrados. A temperatura superficial do Sol é de apenas seis mil graus centígrados. Nós, organismos protoplásmicos, podemos agradecer de todo o coração que o centro não esteja exposto a nós. Não conseguiríamos suportar as temperaturas que daí resultariam, que só são comparáveis ao clarão de uma bomba atômica. Nossa existência só é possível porque as atmosferas externas do Sol servem de barreira e de amenizadoras de radiação.

Mas devemos nos lembrar que as transmutações atômicas estão na base da vida terrestre. Elas, há muito tempo, fornecem o subproduto da radiação confortável pela qual a água, o ar e as pedras da Terra puderam se manter quentes o suficiente para que a evolução biológica viesse a ocorrer. Um dos resultados finais dos processos atômicos que ocorrem no Sol é, portanto, a escrita e a leitura de livros sobre a nova era atômica. Chegamos ao ponto onde estamos hoje no cosmos graças às reações atômicas celestes.

Uma vez que, pessoalmente, tanto devemos à síntese do hélio e a seu subproduto de energia, que nos propiciam nossas verdes folhagens e nosso caloroso planeta, cabe mencionar a maneira como funciona a astroquímica nas profundezas do Sol. Não se trata de um processo direto de quatro átomos de hidrogênio de alta velocidade fundindo-se diretamente num átomo de hélio. Outro elemento comum, o carbono, age como intermediário na montagem das unidades de hidrogênio.

Há diversas etapas, envolvendo diversas transmutações, antes que sejam obtidos os produtos finais, o hélio e a radiação. O átomo comum de carbono primeiramente captura um núcleo de hidrogênio, tornando-se assim um isótopo de nitrogênio. Ele é mais pesado que o átomo de carbono, e instável. Ele se transforma num isótopo de carbono pesado através de um processo radioativo espontâneo*. Esse novo átomo de carbono captura outro núcleo de hidrogênio e se torna um isótopo de nitrogênio mais pesado. O processo continua por meio de novas capturas e mudanças radioativas até que o átomo de carbono catalisador tenha anexado quatro núcleos de hidrogênio, quando ele se divide, voltando a ser carbono comum e hélio. Esse mecanismo de "forno de carbono", num certo sentido, queimou combustível de hidrogênio transformando-o em cinzas de hélio, e em vários pontos desse complicado processo liberou energia atômica na forma de radiação de ondas muito curtas. A massa total dos quatro núcleos de hidrogênio é maior do que a exigida para o núcleo de hélio resultante. O excesso de matéria é de cerca de 1%, e se

---

* Para um relato completo dessa síntese, ver Goldberg e Aller, *Atoms, stars, and nebulae*, pp. 269 ss., Filadélfia, The Blakiston Company, 1940.

transforma em radiação segundo o princípio de equivalência de Einstein. Ele é material excedente que é transformado em energia – na razão de novecentos milhões de trilhões de ergs por grama.

Nos milhares de milhões de anos em que as estrelas vêm brilhando, a maioria delas se mantém através dessa atividade catalítica do carbono, que transforma o elemento mais comum do universo, o hidrogênio, em hélio e em outros átomos maiores e mais complicados. Nossa atual interpretação dos mecanismos atômicos no interior das estrelas sem dúvida será refinada à medida que novas elaborações teóricas e novas observações se tornarem disponíveis. O quadro aqui esboçado reflete o trabalho de muitos astrofísicos e físicos atômicos ao longo de uma ou duas décadas, mas seu principal colaborador foi o Dr. Hans Bethe, também autor de um capítulo posterior deste livro.

Os processos atômicos estelares trabalham com as espécies mais leves de átomos, enquanto os desintegradores de átomos dos últimos anos vêm trabalhando com os átomos mais pesados, situados no extremo superior dos 92 elementos. E eles não param no número 92. O número 93 é o netúnio, batizado em homenagem ao planeta Netuno, assim como o urânio (número 92) tirou seu nome do planeta Urano, e o tório (número 91), do planeta Júpiter (Thor). O recém-descoberto plutônio (número 94) já veio com o nome pronto, mas por pouco, porque o mais distante dos planetas conhecidos, Plutão, só foi descoberto e batizado em 1930. Os recém-descobertos elementos 95 e 96 pegaram desprevenidos os astrônomos. Se viermos a descobrir dois outros planetas nas extremidades remotas do sistema solar, é de se esperar que os nomes dados a eles sejam os nomes escolhidos para os elementos 95 e 96. Somos sentimentais a esse ponto.

A liberação de energia atômica em grande escala que ocorre nas estrelas não se limita aos ordeiros processos que mantiveram constante a luz estelar ao longo das idades geológicas. Alguns fenômenos peculiares da coroa solar podem ser parcialmente atribuídos a um processo de quebra de átomos que tem lugar na superfície do Sol ou próximo dela. E é geralmente aceito que as novas ou, pelo menos, as pouco freqüentes supernovas mereçam atenção quando são examinados os problemas de energia atômica do universo. As supernovas talvez apontem para o que pode acontecer, tanto a uma estrela quanto a um homem, quando a energia atômica é manipulada de forma descuidada e foge ao controle. No interior das estrelas, as pressões, temperaturas, densidades de radiação e a constituição química estão inter-relacionadas, e todos esses fatores participam da manutenção do estado constante que caracteriza a maioria das estrelas. A produção de energia a partir da matéria, se a estrela for constante, exige certas condições de equilíbrio. De outra forma, algo drástico pode acontecer. Estrelas como o Sol parecem se sair muito bem. Elas nem ao menos são afetadas de forma discernível por pulsações e variações periódicas de tamanho e superfície, como ocorre com tantas das estrelas gigantes.

Com as supernovas, contudo, parece ser diferente. Algo no interior da estrela perturbou o equilíbrio entre produção e distribuição. Todos os indícios apontam para uma violenta e catastrófica explosão. Sem qualquer indicação prévia de que havia algo de errado, a superfície da estrela começa a se expandir a grande velocidade, e a temperatura superficial passa a subir. Em questão de poucas horas, a luminosidade aumenta tão rapidamente que é freqüente que ela venha a superar, em seu ponto máximo, a luz de cem milhões de estrelas com luminosidade igual à do Sol.

Quando a erupção explosiva se acalma depois de algumas horas ou dias, encontramos, nos poucos casos que puderam ser devidamente estudados, os destroços da violência. A parte exterior da estrela foi arremessada no espaço em todas as direções. É freqüente o aparecimento de nebulosidade. A famosa Nebulosa do Caranguejo, em Touro, é reconhecida como os destroços da supernova de 4 de julho de 1054 d.C. Os orientais daquela época registraram uma "estrela temporária" de extremo brilho. Ela excedia em luminosidade todas as estrelas do céu, mas logo se dissipou, para nunca mais ser vista até que os inquisitivos telescópios de sete séculos depois começaram a listar tênues objetos nebulosos. Na posição onde a grande estrela de 1054 havia transitoriamente cintilado havia agora uma nebulosidade irregular. Os telescópios modernos mostram que se trata de uma massa de gases, ainda em expansão, ao que tudo indica resultante do mau uso feito por uma estrela de seus recursos de energia atômica.

3
AS RAÍZES DA ERA ATÔMICA

Eugene P. Wigner

EUGENE P. WIGNER, professor de Física em Princeton, participou do grupo originalmente responsável por obter o apoio do governo para o projeto da bomba atômica. Desde o início, se interessou pela física das pilhas de reação em cadeia e, em 1942, mudou-se para Chicago para dirigir o trabalho de Física Teórica no Laboratório Metalúrgico.

Poucos de nós são capazes de projetar ou construir uma máquina a vapor ou de preparar um composto explosivo, e este capítulo não pretende ser um manual de engenharia atômica. No entanto, a maioria de nós está familiarizada com os fenômenos básicos aplicados na máquina a vapor e nos explosivos comuns. Os explosivos atômicos já influenciam as relações internacionais de forma mais profunda que os explosivos comuns, e não é impossível que, dentro de poucos anos, a energia atômica venha a competir com as nossas atuais fontes energéticas. No futuro, os fatos básicos sobre a energia atômica serão de conhecimento geral. Mesmo hoje, uma maior intimidade com esses fatos pode ampliar nossa capacidade de previsão e ajudar-nos a formar opiniões sobre questões de política, tanto interna quanto externa.

Reações atômicas versus processos químicos comuns

A primeira pergunta que poderíamos fazer se refere às características especiais da energia atômica. A combustão de meio quilograma de carvão é suficiente para elevar em dez graus Celsius a temperatura de 320 quilogramas de água. Mas a "combustão" de meio quilograma de urânio produziria uma elevação de temperatura da mesma ordem em um bilhão de quilogramas de água. A mesma quantidade de energia é liberada quando meio quilograma de urânio explode, ao passo que a explosão de meio quilograma de nitroglicerina libera apenas energia suficiente, quando convertida em calor, para elevar a temperatura de 68 quilogramas de água. Qual a diferença entre os processos atômicos e nossas reações químicas comuns, que tornam os primeiros tão mais poderosos?

A resposta é que as reações químicas comuns afetam o *arranjo* dos átomos, os "menores blocos constituintes da matéria", mas não sua identidade. As reações atômicas alteram a *identidade* dos átomos. A queima do carvão resulta na desorganização do arranjo dos átomos de carbono do carvão e dos átomos de oxigênio do ar, a partir dos quais é formada uma nova associação dos átomos do carbono e do oxigênio. O químico designa os átomos de carbono por C, e os átomos de oxigênio por O. Ele descreveria simbolicamente a queima do carvão da seguinte maneira:

-C-C-C-C	O-O	O-O	O-C-O	O-C-O
	O-O	O-O	O-C-O	O-C-O
-C-C-C-C +	O-O	O-O →	O-C-O +	O-C-O
	O-O	O-O	O-C-O	O-C-O
-C-C-C-C	O-O	O-O	O-C-O	O-C-O
	O-O	O-O	O-C-O	O-C-O
carvão	oxigênio do ar		gás dióxido de carbono, o produto da combustão	

Na medida em que as mudanças químicas, tais como a mostrada anteriormente, alteram apenas o *arranjo* dos átomos, o número de átomos de um determinado tipo permanece o mesmo, antes e depois da reação. Havia 12 átomos C e 24 átomos O antes da reação, e 12 átomos C e 24 átomos O depois da reação. Tudo o que ocorre é que os átomos C são arrancados de sua grade, os átomos O são separados de seus parceiros, e novas uniões são formadas entre os átomos C e O.

A diferença entre um combustível como o carvão e um explosivo como a nitroglicerina é que a nitroglicerina contém em si tudo o que é necessário para a reação, ao passo que o combustível, para queimar, precisa de outra substância, ou seja, o ar.

As reações atômicas são de outra natureza. Elas alteram os átomos em si. Assim, as reações desencadeadas pela explosão de uma bomba atômica são expressas da seguinte forma:

$$U\text{-}235 \longrightarrow I + Y$$

Isso significa que o urânio se transforma em iodo e ítrio, um elemento bastante raro. (Ele também pode se desintegrar em muitos outros pares de elementos.) Essa mudança de uma espécie atômica para outra vai contra os princípios da química comum. É este o efeito que os alquimistas medievais por tantos séculos buscaram em vão, e que só foi atingido após suas esperanças terem sido abandonadas, e a futilidade de seus esforços ter sido elevada a princípio geral. Esse princípio, hoje suplantado, é chamado de princípio da imutabilidade dos elementos. Ele vale para os processos químicos, mas não para os atômicos.

Nada disso, é claro, explica por que as alterações energéticas que ocorrem nas reações atômicas são tão maiores que as mudanças energéticas verificadas nas reações químicas comuns.

Muito ao contrário, até mesmo cientistas de vanguarda se perguntam, intrigados, qual seria a exata fonte da energia atômica.

A famosa equação de Einstein, $E = mc^2$*, nos diz que, para obtermos a energia liberada na reação da bomba atômica, temos que subtrair da massa de U-235 as massas de I e Y, e então multiplicar o restante pelo quadrado da velocidade da luz. Essa é uma regra de grande utilidade, que deriva de uma relação muito fundamental. Ela contudo não nos diz por que a massa de U-235 é maior (em 0,1%, o que é muito, tratando-se de diferenças entre massas) do que a soma das massas de I e Y. De um ponto de vista geral, parece razoável que uma mudança que resulta numa alteração tão fundamental das propriedades, tal como a transformação de um elemento em outro (ou dois outros), deva estar associada a mudanças energéticas maiores que o mero rearranjo dos elementos – e temos que nos contentar com essa explicação.

A equação de Einstein nos diz, contudo, como calcular a energia liberada num processo qualquer se as massas dos átomos que participam da reação são conhecidas. Ela nos diz, por exemplo, que a energia liberada na transformação do hidrogênio em hélio é cerca de sete vezes maior (por unidade de peso do material reagente) que a energia liberada na reação da bomba atômica (a chamada "reação de fissão"). Ela também nos diz que a reação mais poderosa de todas é a que *não tem* produtos finais, a chamada "reação de aniquilamento":

$$U \longrightarrow$$

Mais adiante teremos mais a dizer sobre essas reações. Mas pode ser observado aqui que sua iniciação em escala mensurável ainda pertence à esfera dos sonhos dos cientistas.

---

* A energia é igual à massa vezes o quadrado da velocidade da luz.

Outras reações atômicas também ocorrem espontaneamente no fenômeno conhecido como radioatividade. Esse fenômeno ocorre em muitos dos elementos pesados encontrados na natureza, como o rádio e o tório, e também em algumas formas artificiais de elementos normalmente estáveis. O iodo e o ítrio, por exemplo, que são produtos da fissão do urânio, são formas radioativas do iodo e do ítrio normalmente estáveis. Os átomos radioativos ejetam parte de sua substância, transformando-se assim em outros elementos. Às vezes, as partículas ejetadas são acompanhadas de uma radiação conhecida como radiação gama, cujos raios são semelhantes aos raios X, embora com mais energia e penetração.

A emissão de partículas e raios se dá a uma taxa determinada pela probabilidade de ocorrência de certas configurações internas ao núcleo do átomo. E essa taxa não pode ser alterada por influências externas, tais como calor ou pressão. Ela costuma ser descrita por meio de uma quantidade conhecida como a meia-vida, que é o tempo que a metade de qualquer quantidade de material leva para se desintegrar. Ao fim de uma meia-vida, resta apenas metade da substância original; ao fim de duas meias-vidas, resta apenas um quarto, e assim por diante.

Isótopos e separação de isótopos

Outra diferença entre as reações químicas comuns e as reações atômicas merece ser levada em consideração: a diferença relacionada ao fenômeno dos isótopos. Os isótopos são formas dos mesmos elementos: eles se comportam de modo tão semelhante nas reações químicas comuns que, por longo tempo, foi deixada em aberto a questão de se a mistura de dois isótopos poderia ser separada em seus constituintes.

Uma vez que os isótopos são formas do mesmo elemento, eles têm o mesmo símbolo químico. Se quisermos distinguir entre eles, adicionamos um número, denotando a massa aproximada do isótopo, ao símbolo do elemento. U-235 é um isótopo do elemento urânio; U-238 é outro isótopo mais pesado do mesmo elemento. Uma vez que os isótopos se comportam de forma tão semelhante nas reações químicas comuns, não é necessário especificá-los nos processos químicos. A queima de um isótopo de carbono é tão semelhante à queima de outro isótopo que é possível falar simplesmente da queima do carbono.

Já o mesmo não ocorre nas reações atômicas. O comportamento dos isótopos, nos processos atômicos, difere tanto quanto o de elementos totalmente diferentes nas reações químicas comuns. Assim, por exemplo, é tão mais difícil induzir a reação da bomba atômica em U-238 que em U-235, que o U-238 não pode ser usado em bombas atômicas.

Tudo isso, de partida, serve para enfatizar a importância e a dificuldade do processo de separação de isótopos. Se quisermos uma substância muito reativa, costuma ser necessário selecionar um isótopo específico de um elemento. O U-235 é uma dessas substâncias. E, no entanto, libertar esse isótopo dos outros isótopos do mesmo elemento é uma tarefa muito difícil, porque, em condições normais, eles se comportam de forma muito semelhante. Essa dificuldade é equivalente à que encontraríamos se o carvão só ocorresse na natureza misturado a alguma outra substância, como a argila, e se a argila, em todos os processos físicos, tivesse uma aparência e um comportamento tão semelhantes ao do carvão que seria impossível removê-la do carvão sem remover ao mesmo tempo o carvão, ou separar os dois por meio de qualquer outro processo.

Por que as reações atômicas não foram descobertas antes?

Seria justo, neste ponto, perguntar por que as reações atômicas por tanto tempo não foram detectadas, se elas liberam quantidades tão imensas de energia. Por que razão elas não são mais evidentes na vida cotidiana?

Se queremos queimar carvão, temos antes que aquecê-lo a uma temperatura de várias centenas de graus. Abaixo dessa "temperatura de inflamação", a combustão, caso venha a ocorrer, o faz de modo apenas imperceptível. É natural que os processos atômicos, que produzem muito mais energia e calor exijam, para serem desencadeados, um pré-aquecimento muito maior que o exigido pelo carvão. As altas temperaturas necessárias a esse processo não podem ser alcançadas em nosso planeta, com nossos tão limitados recursos. No entanto, temperaturas altas o suficiente para reações atômicas predominam no centro das estrelas e de nosso sol, e a fonte da radiação solar é a energia atômica. Uma vez que toda a energia terrestre, em última análise, deriva da radiação solar, pode-se dizer que a energia atômica constitui a base de nossa vida e de nossas fontes de energia.

Existe uma substância que requer um pré-aquecimento muito menor para inflamar que o carvão: o fósforo. Um palito de fósforo irrompe em chamas com apenas um mínimo de atrito. O fogo levou tanto tempo para ser descoberto porque não há fósforo livre na natureza. E mesmo se houvesse, ele teria queimado e desaparecido acidentalmente muito antes de o homem poder pôr as mãos nele.

Há um átomo chamado "nêutron" (o elemento "zero"), que consegue reagir com quase todos os outros elementos em temperaturas normais. No entanto, em condições normais, não existem nêutrons na natureza. O nêutron foi descoberto há apenas alguns anos (1932) pelo físico britânico Chadwick. A razão da escassez de nêutrons é a mesma da escassez de fósforo: quaisquer nêutrons que se tivessem formado acidentalmente teriam rapidamente reagido com outros elementos, de modo que eles sempre existem em números muito reduzidos – extremamente reduzidos.

É por essa razão, então, que até pouco tempo atrás sabíamos tão pouco sobre as reações atômicas, que só há alguns anos conseguimos iniciar em grande escala: o desencadeamento de reações que não envolvem nêutrons exige temperaturas extremamente altas. Os nêutrons, por outro lado, são tão reativos que se ligam a outros átomos, cessando assim de existir.

A reação em cadeia

Antes de 1939, a maioria dos físicos, partindo dos fatos mencionados anteriormente, acreditava que o uso da energia atômica (o termo mais correto seria energia nuclear, porque as mudanças que ocorrem nos processos atômicos afetam o núcleo do átomo) em escala significativa ainda estava muito distante no tempo. Os nêutrons que eles, com grande dificuldade, conseguiam produzir eram absorvidos quase que imediatamente após serem liberados, e reações atômicas com outros elementos só podiam ser artificialmente induzidas com o uso das pouquíssimas partículas "quentes" de um sistema de modo geral frio. Essas partículas rápidas eram ou produto de "substâncias radioativas" ou artificialmente geradas em instrumentos complexos como o cíclotron ou o gerador de Van de Graaff.

Em 1939, dois cientistas alemães, Hahn e Strassman, descobriram uma reação atômica induzida, como muitas reações o são, por nêutrons em temperaturas normais. O nêutron que induziu essa reação foi absorvido no processo, como o é em todos os processos induzidos por ele. Aqui, a diferença decisiva, contudo, foi que essa reação atômica também *produziu* nêutrons. É claro que se o número de nêutrons produzido no processo é maior que o número de nêutrons nele absorvidos, torna-se possível não apenas fazer com que a reação continue em temperaturas normais, mas também obter uma fonte abundante de nêutrons. Hahn e Strassman haviam descoberto o processo de fissão. Esse processo foi mencionado no início deste capítulo, embora sua equação não tenha sido apresentada de forma completa. Ela é:

$$U\text{-}235 + \text{nêutron} \longrightarrow I + Y + N \text{ nêutrons}$$

N indica o número de nêutrons gerados numa fissão. O I e o Y são chamados de "fragmentos" de fissão por serem os fragmentos nos quais o U-235 se desintegra. I e Y não são os dois únicos elementos nos quais o U-235 pode se "fissionar". Há muitos outros pares de elementos nos quais ele pode se desintegrar.

O ponto importante dessa reação é que N é maior que 1. Mais exatamente, ele equivale a aproximadamente dois. Esse fato pode ser utilizado de duas maneiras, se você tiver um pequeno bloco de U-235 ou de qualquer outra substância físsil – ou seja, uma substância que se desintegra ao absorver um nêutron.

A bomba

Se tivermos um bloco de U-235 ou de outro material físsil, pode-se adicionar um nêutron a ele. Esse nêutron, então, irá reagir com o U-235, fornecendo dois nêutrons. Se esses dois nêutrons forem colocados de modo a reagir com o U-235, eles produzirão quatro nêutrons na segunda geração. Se todos eles reagirem com o U-235, haverá oito na terceira geração, dezesseis na quarta, e cerca de mil na décima, um milhão na vigésima, um bilhão na trigésima etc. Os processos induzidos pelos nêutrons de uma geração fornecerão os nêutrons da próxima, cada uma delas sendo duas vezes mais numerosa que a precedente. Essa sucessão de ocorrências continuará ou até que todo o U-235 seja consumido e substituído por fragmentos de fissão e nêutrons, ou até que a bomba venha a explodir. Pois o sistema que acabamos de descrever é uma bomba: a bomba atômica.

Os fragmentos de fissão da reação na bomba têm velocidades que correspondem a cerca de trilhões de graus de temperatura, e a energia gerada quando meio quilograma de U-235 sofre fissão é suficiente para elevar ao ponto de ebulição da água a temperatura de uma esfera de ar de mais de oitocentos metros de diâmetro. Na verdade, a destruição causada por uma explosão como essa pode se estender por uma área ainda maior.

Numa bomba, o ciclo de vida das gerações de nêutrons não é muito mais longo que um bilionésimo de segundo, e todo o processo descrito acima pode se desenrolar em um milionésimo de segundo. A principal dificuldade na construção da bomba é manter coeso o bloco de U-235 apesar da enorme evolução da energia, e fazer com que todos, ou quase todos os nêutrons sejam absorvidos pelo U-235.

O gerador de nêutrons

A segunda maneira de fazer uso da massa de material físsil é deixar que o número de nêutrons aumente até um nível bastante alto, mas predeterminado, e parar sua proliferação quando esse nível for atingido. O aumento pode ser interrompido, por exemplo, pela introdução no sistema de um material estranho que absorva cerca da metade de todos os nêutrons sendo produzidos. Se isso for feito, apenas metade do total dos nêutrons de uma geração irá induzir fissão no U-235. Uma vez que, em qualquer geração, o número de nêutrons será duas vezes maior que o número de fissões, o número de nêutrons em cada geração será o mesmo. Em outras palavras, a reação irá prosseguir numa taxa constante, que pode ser alta ou baixa, dependendo do nível no qual a proliferação dos nêutrons seja interrompida. Em todos os casos práticos, esse nível é tão baixo que leva muitas semanas para que uma fração significativa do urânio seja exaurida, diferindo em muito dos dez milionésimos de segundo da bomba.

Essa operação da reação em cadeia terá dois efeitos: (1) os processos de fissão que ocorrem a uma taxa constante produzirão certa quantidade de calor que pode ser direcionada para fins úteis; (2) de forma paralela e inseparável, nêutrons estarão disponíveis para serem absorvidos pelo material que tenhamos escolhido para fazer parar sua multiplicação excessiva.

O segundo desses pontos é tão importante quanto o primeiro. A maioria dos núcleos se torna radiativa ao absorver um nêutron, sendo portanto possível fabricar cerca de um átomo radioativo para cada átomo de U-235 esgotado. Assim, uma grande variedade de átomos radioativos pode ser fabricada, porque as reações em cadeia podem ser controladas através da absorção dos nêutrons em excesso em praticamente qualquer um dos noventa e dois elementos conhecidos. Esse último ponto ilustra o imenso valor dos nêutrons: é possível induzir um processo atômico em todos os nêutrons e fabricar, por exemplo, um átomo radioativo usando praticamente qualquer átomo e um nêutron. Outra razão para evitarmos desperdiçar U-235 numa bomba! Todos os nêutrons que o U-235 é capaz de produzir são inutilmente perdidos numa explosão.

A fábrica de plutônio

As duas seções precedentes dependem de um grande "se". Para fabricar uma bomba ou construir o gerador de nêutrons, precisa-se, antes de mais nada, de uma quantidade considerável de material físsil. É claro que é possível fabricar U-235 puro separando os dois isótopos do urânio. No entanto, se esse fosse o único método de produzir material físsil para o gerador de nêutrons, os nêutrons continuariam sendo muitíssimo caros. Todo o processo pode ser tornado muito mais barato se for possível usar urânio natural, ou seja, a mistura de U-235 e U-238.

Isso é de fato possível se o U-238 for usado como a substância que interrompe o aumento do número de nêutrons. Mas, com tal, eliminamos qualquer escolha quanto ao elemento que irá absorver os nêutrons: esse elemento terá que ser o U-238. O que temos, então, não é um gerador de nêutrons, mas uma combinação de gerador de nêutrons e consumidor de nêutrons. O U-235 é a fonte dos nêutrons, o U-238, sua destinação. Ao que parece, teríamos pouco a ganhar exceto a energia gerada pela reação.

No entanto – e esse é o ponto crucial – o produto da reação do U-238 e do nêutron é uma nova substância, o U-239, que resulta, por "decaimento" espontâneo, num novo elemento chamado plutônio. E o plutônio também é físsil. Conseqüentemente, ele pode ser usado tanto numa bomba como em outro gerador de nêutrons. A escolha do absorvente de nêutrons, exigida pelo fato de o U-235 estar sempre misturado ao U-238, não é tão má assim. Na verdade, ela não poderia ser melhor.

A fábrica de plutônio que acabamos de descrever é bastante incomum. Ela fabrica plutônio mas, ao fazê-lo, também gera energia. Essa é a energia do processo U-235 + nêutron = I + Y + N nêutrons, e de processos similares de fissão que fornecem nêutrons.

O plutônio produzido nas fábricas de plutônio do estado de Washington, por sinal, é o primeiro elemento novo já fabricado em grandes quantidades pelo homem. E, nessa fábrica, o plutônio pode ser obtido a custos muito menores que os do U-235 puro obtido pela separação de isótopos, para não falar da energia gerada no processo de fissão. Em poucos anos, será possível fabricar uma quantidade quase ilimitada de plutônio, suficiente para um grande número de bombas ou para aplicações pacíficas e socialmente úteis. Aqui, nos deparamos com uma escolha.

Como pode se tornar o urânio natural capaz de reações em cadeia, poderíamos pensar que seria possível fazê-lo explodir. Mas não é assim: a multiplicação de nêutrons não é suficientemente rápida no urânio natural. O U-238 controla automaticamente a reação em cadeia, ou seja, absorve tantos nêutrons que a população das gerações sucessivas aumenta muito pouco. Na verdade, muitos truques são necessários para garantir até mesmo um pequeno aumento na população das gerações sucessivas, ou ainda para evitar sua diminuição. O mais importante desses truques é moderar os nêutrons, desacelerar sua velocidade, do alto valor que eles apresentam quando expelidos durante a fissão a uma fração desse valor (de dez mil quilômetros por segundo para cerca de um quilômetro por segundo). Mas, apesar de todos os truques, a multiplicação do nêutron num sistema que usa urânio natural não pode ser tornada rápida o suficiente para uma bomba.

Outras reações atômicas

Nossa excursão pelo campo da física atômica nos levou a uma série de encruzilhadas das quais pudemos enxergar outras estradas levando a outras reações atômicas possíveis. Duas delas foram especificamente mencionadas: a reação entre os isótopos de hidrogênio (H^2) e a reação de aniquilamento. Ambas são virtualmente capazes de fornecer mais energia por unidade de peso que a reação de fissão – a última delas, cerca de mil vezes mais. O que se pode dizer sobre elas?

Não muito, como vimos. Enquanto a reação de fissão está pronta para ser explorada em larga escala, para o bem ou para o mal, não há, atualmente, razão para crer que qualquer outra reação atômica venha a poder ser explorada num futuro próximo. Uma possibilidade sugestiva seria tentar usar a reação de fissão para produzir altas temperaturas, usando-a para ativar outras reações, da mesma forma que o fogo do fósforo é usado para atear fogo em outras substâncias. Já foi sugerido até mesmo que a atmosfera ou o mar poderiam ser "incendiados" por bombas de fissão. No presente momento, não há razão para temer essa eventualidade: a ignição da atmosfera ou do mar é pura especulação e, segundo creio, de má qualidade. Quanto à reação de aniquilamento, ela foi insuficientemente observada, se é que o foi, em laboratório. É claro que devemos nos precaver contra um excesso de conservadorismo, como podem testemunhar as pessoas que caçoaram da idéia de uma reação em cadeia do urânio. No entanto, talvez seja sensato acreditar que outras descobertas igualmente potentes, no bom ou no mau sentido, venham a ser feitas, possivelmente na área da biologia, antes de termos que enfrentar reações atômicas de natureza fundamentalmente diferente das que hoje somos capazes de explorar.

Devemos nos entristecer com o fato de essas estradas secundárias, atualmente, não levarem a parte alguma? Creio que não. A quantidade de energia que as fontes atualmente disponíveis conseguem fornecer é tão grande que fontes novas ou mais abundantes são desnecessárias. As fontes atuais são capazes de suprir todas as nossas necessidades razoáveis – ou mesmo irracionais – de energia.

4

A NOVA ENERGIA

Gale Young

GALE YOUNG, anteriormente chefe do Departamento de Física e Matemática do Olivet College, ingressou no Laboratório Metalúrgico de Chicago em março de 1942, para trabalhar com a equipe teórica daquela instituição nos problemas relacionados ao projeto da usina de plutônio de Hanford.

Antes de Hiroshima, o mundo talvez não soubesse muito sobre bombas atômicas, mas há anos já se falava de algo chamado "energia atômica". Muitas vezes foi dito que o homem, algum dia, "libertaria a energia do átomo", e foram muitas as obras de ficção que descreveram essa conquista. *The world set free,* escrito em 1914 por H. G. Wells, é uma delas. Hoje, entretanto, esse título talvez soe inadequado.

Aconteceu então de a energia atômica por fim entrar em cena frente a um mundo que mais ou menos já a esperava havia bastante tempo. De fato, como uma breve pesquisa nos arquivos da *Astounding science fiction* ou de qualquer outra revista desse tipo irá mostrar, os cientistas reais ainda têm um longo caminho pela frente antes de poderem ter esperanças de igualar os feitos que são lugar-comum para seus colegas fictícios. Comparados a essas versões mais fantasiosas, os avanços reais talvez soem um pouco decepcionantes. No departamento das bombas destrutivas, a nova energia parece ter sido um sucesso estrondoso e instantâneo, mas como a tão anunciada serva da humanidade, ela ainda deixa muito a desejar.

O propósito deste capítulo é fornecer algumas informações sobre a energia atômica como fonte de energia útil, embora uma discussão satisfatoriamente completa do assunto não seja possível aqui. Durante a guerra, não havia tempo disponível para o exame das aplicações pacíficas desse campo científico, e muito trabalho será necessário antes que possamos chegar a uma perspectiva correta.

A fissão como fonte de energia

Vários tipos de núcleos pesados, como por exemplo o urânio e o plutônio, podem ser submetidos ao processo de fissão. A fissão de meio quilograma de qualquer dessas substâncias fornece uma energia equivalente à obtida pela queima de cerca de 1.400 toneladas de carvão, novecentas toneladas de gasolina, ou pela explosão de treze mil toneladas de TNT. De acordo com a regra da massa-energia de Einstein ($E = mc^2$), meio quilograma de matéria equivale à energia obtida com a queima de 1,5 toneladas de carvão. Vemos, portanto, que o processo de fissão transforma apenas cerca de 1/1.100 da massa disponível em energia, evidenciando que a produção de energia atômica ainda é altamente imperfeita.

Como já foi explicado, ao ser submetido à fissão, o núcleo do átomo se divide em dois pedaços de tamanhos parecidos, que se separam e são projetados a grande velocidade. Grande parte da energia liberada vai para a energia cinética desses fragmentos móveis e, à medida que estes forem desacelerados pelo material através do qual eles se movem, essa energia é convertida em calor. Esses fragmentos levam consigo uma carga elétrica, e se eles pudessem ser interrompidos por um campo elétrico, a energia poderia ser obtida em forma de eletricidade, e não de calor. Isso pode ser imaginado em princípio, mas, aparentemente, na prática o resultado será o calor.

Além dos dois grandes fragmentos que acabamos de discutir, a explosão por fissão também emite raios gama e nêutrons rápidos. Por não possuírem carga elétrica, os nêutrons podem atravessar grandes espessuras de matéria sólida, constituindo-se assim num outro tipo de "radiação" penetrante além dos raios gama. Tanto os nêutrons quanto os raios gama são perigosos para os tecidos vivos e, portanto, a operação de uma fonte de energia de fissão tem que ser protegida contra ambos por meio de blindagem. Nesse aspecto, uma fonte de fissão é ainda pior que uma fonte de rádio: ambas liberam uma percentagem de sua energia na forma de uma perigosa radiação penetrante, mas a natureza mista da radiação de fissão faz com que seu manuseio seja mais difícil, exigindo blindagem de maior espessura. Por exemplo, o chumbo é eficaz contra os raios gama, mas os nêutrons o atravessam com facilidade; a água é boa contra os nêutrons, desacelerando-os e tornando-os de mais fácil absorção, mas ela não funciona bem como barreira para os raios gama. Uma blindagem fina e leve seria uma das invenções mais valiosas no campo da energia atômica, mas, infelizmente, essa possibilidade ainda é remota.

Após os dois fragmentos de fissão se desacelerarem, eles reúnem elétrons em torno de si e se tornam os núcleos de dois novos átomos. Esses núcleos resultantes são instáveis e sofrem sucessivas transformações radioativas, ao longo das quais eles emitem partículas e raios gama de forma semelhante ao rádio. Essa radioatividade se desfaz muito lentamente. Desse modo, um reator de fissão, logo após sua montagem, é livre de radiação, mas assim que ele entra em funcionamento fragmentos de fissão de forte atividade começam a se acumular em seu interior, tornando necessários blindagem e resfriamento, mesmo quando uma reação não esteja sendo produzida.

Usinas nucleares

A reação em cadeia da fissão apresenta um notável efeito de massa crítica. Um pequeno bloco isolado de material não irá reagir, independentemente do que seja feito a ele. À medida que o tamanho do bloco aumentar, no caso de se tratar de um material adequado, acabará por mostrar reação. Se for acrescentado mais material, a reação continuará aumentando; se houver retirada de material, a reação diminuirá e acabará por se extinguir. É evidente que uma unidade usada numa operação tem que ser exatamente do tamanho correto: se pequena demais, ela não entrará em funcionamento; se grande demais, ela tenderá a fugir do controle. A reação pode ser controlada por meio do procedimento de inserir e retirar do sistema uma pequena quantidade de material.

A razão desse comportamento reside na natureza em cadeia da reação. A explosão de um núcleo libera nêutrons que se afastam e fazem com que outro núcleo, em algum outro lugar, venha a explodir e assim por diante. Nem todos os nêutrons ejetados numa fissão irão causar novas fissões. Alguns serão capturados de forma inútil, e outros escaparão do sistema antes de serem capturados. Quanto menor a estrutura, mais nêutrons escaparão. Para que a reação continue a uma taxa constante, a estrutura tem que ser apenas grande o suficiente para que, dos N nêutrons emitidos na fissão, N – 1 escapem ou sejam inutilmente capturados, enquanto o nêutron restante venha a produzir uma nova fissão.

Desse modo, um reator não funcionará a não ser que contenha uma certa quantidade de material. A quantidade necessária desse valioso material físsil pode ser reduzida por meio de uma série de truques, mas nunca será possível torná-la muito pequena. Daí que qualquer idéia no sentido de que uma usina possa funcionar movida apenas por uma pequena cápsula de combustível atômico é totalmente sem fundamento.

Um dos truques para reduzir a quantidade do material físsil necessário é misturá-lo com átomos leves, como o carbono, o berílio ou o hidrogênio, que desaceleram ou moderam os nêutrons rápidos, tornando mais fácil para eles provocarem novas fissões. Em alguns casos, não se trata apenas da diferença na quantidade exigida do material, mas sim da diferença entre funcionar ou não funcionar. Portanto, é impossível produzir uma reação em cadeia apenas com urânio natural, independentemente da quantidade disponível, mas a reação pode ser ativada com urânio natural mais qualquer um dos vários materiais moderadores existentes. Nos primeiros tempos do projeto, tentou-se determinar, através de trabalho experimental, quais as melhores maneiras de dispor o urânio no moderador, empilhando e desempilhando os materiais em diversos arranjos. Daí o nome "pilhas" dado então às unidades de reação em cadeia, apesar de elas serem estruturas de engenharia de precisão.

Numa pilha corretamente construída, os combustíveis atômicos, urânio por exemplo, geram calor dentro de si próprios sem necessidade de ar ou de qualquer outro participante químico. Se a reação atômica procede numa taxa rápida, esse calor tem que ser removido, ou a pilha se derreterá. Nas usinas de plutônio de Hanford, era necessário obter um produto da reação que não o calor, de modo que o calor era retirado por fluidos refrigerantes que o jogavam no rio Colúmbia. Se há necessidade de calor para a produção de energia, ele primeiro tem que ser retirado da pilha e então introduzido numa máquina térmica. Ao que parece, a energia atômica terá que funcionar através de máquinas térmicas de desenho mais ou menos padronizado, não havendo portanto razão para esperar maravilhas de seu desempenho. Embora alguns poucos quilogramas de urânio talvez contenham energia liberável suficiente para fazer o *Queen Mary* cruzar um oceano, é pouco provável que isso possa ser feito com uma usina de alguns quilogramas.

A maioria dos reatores em cadeia ou pilhas usam urânio natural com um moderador de grafite. Eles consistem de grandes blocos de grafite perfurados por orifícios paralelos dispostos a intervalos regulares, nos quais estão centradas varetas de urânio de diâmetro um pouco menor. Fluidos refrigerantes circulam através de canais anulares em volta das varetas, captando e retirando o calor destas. A pilha de baixa potência de Oak Ridge, Tennessee, usa resfriamento a ar, e as pilhas de potência mais alta de Hanford, Washington, usam resfriamento a água. Em ambos os casos, o fluido refrigerante é retirado do ambiente, conduzido através da pilha e descartado de volta. As varetas de urânio são revestidas com alumínio para impedir que o refrigerante entre em contato com elas e, nas usinas de Hanford, outra camada de alumínio é usada para isolar a água do grafite.

Alguns esquemas que talvez sejam capazes de produzir energia mecânica são mostrados nos seguintes croquis. A Figura 1 mostra uma transformação óbvia do tipo de pilha usado em Oak Ridge numa instalação de turbina a gás. Uma vez que o ar se torna radioativo quando exposto a nêutrons, ele tem que ser eliminado de maneira correta, como por exemplo sendo expeli-

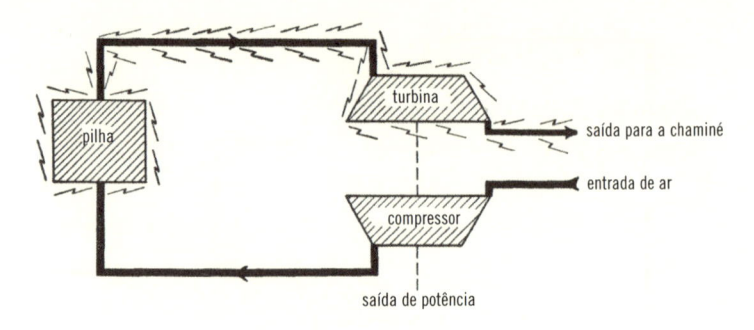

Figura 1

do através de uma chaminé alta, e a capacidade da chaminé de desfazer-se do ar ativo de maneira segura pode limitar a produção de energia da usina. As linhas grossas nos desenhos indicam os locais onde o ar é ativo, mostrando que a turbina está exposta a radioatividade e tem que ser operada nessas condições. Para que a usina funcione, é necessário que a pilha aqueça o ar a temperaturas bastante altas, o que as pilhas existentes não conseguem fazer, porque tanto o grafite quanto o alumínio são atacados pelo ar em temperaturas elevadas. O desenvolvimento de pilhas para operação em altas temperaturas é um dos principais problemas a serem solucionados antes que energia útil possa ser obtida.

A passagem para um sistema de ciclo fechado, como na Figura 2, eliminaria o problema da descarga através de chaminé, permitindo o uso de uma substância de trabalho não oxidante, como o hélio. O uso do hélio também ajuda a reduzir a radioatividade no circuito da pilha. No entanto, um trocador de calor é agora necessário, e o compressor, neste exemplo, está localizado na região radioativa. O diagrama mostrado, obviamente, pode ser aperfeiçoado de forma a incluir regeneradores, inter-resfriamento do compressor etc., a fim de aumentar sua eficiência.

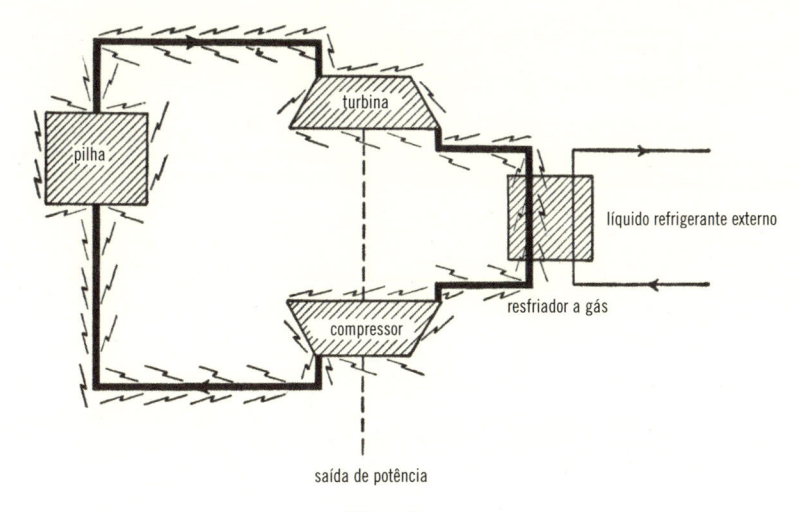

Figura 2

Outro esquema possível é mostrado na Figura 3, no qual o refrigerante da pilha transmite calor para uma caldeira de usina mais ou menos padrão. Como uma usina de vapor líquido pode operar a temperaturas consideravelmente mais baixas que uma usina de turbina a gás, talvez seja possível, nesse esquema, obter energia sem que a pilha tenha que atingir temperaturas tão altas.

As atuais usinas Hanford, que usam resfriamento a água, operam a temperaturas muito baixas. O desenvolvimento de um refrigerante de metal líquido, como o bismuto ou o sódio, permitiria temperaturas mais altas, e a energia poderia ser obtida como mostrado na Figura 3.

Seria possível imaginar, também, outros esquemas nos quais a pilha vaporizaria diretamente água leve ou pesada para produzir vapor para a usina. Nesse caso, as dificuldades seriam a necessidade de a estrutura da pilha suportar as pressões da caldeira e o efeito adverso da formação de bolhas sobre a estabilidade do funcionamento da pilha.

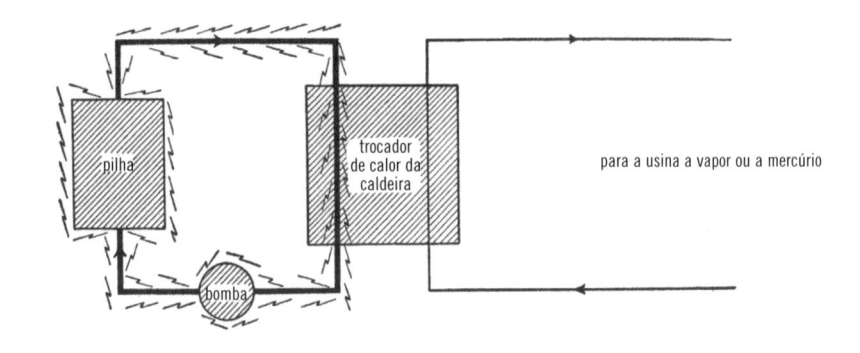

Figura 3

A economia e as perspectivas da energia atômica

Muitas especulações vêm sendo feitas sobre o uso da energia atômica para fins pacíficos. Previsões e estimativas de todos os tipos já foram propostas, indo do otimismo mais ridículo a, talvez, um pessimismo desnecessário.

Por que, poderíamos perguntar, tanto entusiasmo em torno de uma fonte de energia? Vivemos num mundo em que a energia é desperdiçada o tempo todo, na forma de luz solar, ventos, quedas d'água, marés etc. No atual ritmo de consumo, nossos estoques de carvão irão durar pelo menos alguns milhares de anos, um período de tempo consideravelmente maior que a vida passada da civilização tecnológica e, se alguns dos acontecimentos recentes servem de indicação, consideravelmente maior que a existência futura que podemos esperar para ela. Os recursos petrolíferos estão diminuindo mas, ao que consta, seria possível fabricar gasolina a partir do carvão com resultados satisfatórios, ou usar como combustível líquido o álcool produzido a partir de safras agrícolas. Não estaríamos, então, precisando desesperadamente de novas fontes de energia.

Obviamente, estamos interessados não apenas na energia de modo geral, mas em uma energia que trabalhará para nós quando, onde e como quisermos. Luz solar que incide sobre o solo a mais de 0,8 quilowatt por metro quadrado não ajudará um homem a transportar uma pedra, a não ser que ele seja capaz de reunir uma grande quantidade de equipamentos com os quais possa extrair trabalho dessa energia. Na verdade, uma caríssima instalação de espelhos e caldeiras seria necessária para transportar uma pedra usando luz solar como combustível.

O mesmo, em boa medida, vale para outras fontes de energia "livre", que, em geral, não justificam os investimentos exigidos para fazê-las trabalhar. Entre elas, apenas a energia hidráulica tem uso importante na produção direta de energia.

Combustíveis como carvão e gasolina não são gratuitos. Mão-de-obra e equipamentos são necessários para extraí-los, processá-los e transportá-los, e todos esses itens incidem sobre o custo básico do combustível. Após a chegada do combustível, mais trabalho e mais equipamentos se fazem necessários antes que a energia possa ser obtida na forma desejada, e tudo isso representa um custo de utilização.

Um exemplo cotidiano desses dois tipos de custo pode ser obtido pela comparação do custo de utilização do carro da família – depreciação, juros, manutenção, seguro, consertos, licenciamento, aluguel de garagem etc. – com a quantia gasta com gasolina. No setor de transporte rodoviário de cargas, cerca de 0,1 do total das despesas vai para a gasolina. Um outro exemplo é mostrado na Tabela 1. Vê-se que o combustível não é, de modo algum, uma parte importante do custo total. Seria ótimo ter carvão e gasolina gratuitos, mas isso não significaria uma "nova era", e a maior parte de nossa conta de energia ainda teria que ser paga.

TABELA 1
CUSTO DA ENERGIA ELÉTRICA PARA O CONSUMIDOR URBANO MÉDIO *

Tipo de custo	centavos por kw-h
Custo da geração, inclusive combustível	0,47
Taxas fixas (juros, depreciação etc.) na estação de geração	0,78
Operações de transmissão e das subestações	0,16
Taxas fixas nos equipamentos de transmissão e nas subestações	0,33
Custos operacionais das linhas de distribuição da subestação ao consumidor	0,29
Taxas fixas dos equipamentos de distribuição	1,45
Administração, contabilidade, medidores de leitura, visitas técnicas etc.	1,80
Custo total no medidor de leitura do consumidor	5,28

(N. E.: valores em centavos de dólar)
* Extraído de Barnard, Ellenwood e Hirshfeld, *Heat-power Engineering*, 1933, p. 1054.

O montante dos custos dos combustíveis atômicos ainda não foi divulgado, e nenhuma usina foi até hoje desenvolvida. Não é possível, portanto, fazer estimativas confiáveis de seu custo total (combustível + utilização) em comparação com outras fontes de energia.

Talvez seja interessante citar que, antes da guerra, o urânio natural não-purificado estava cotado em cerca de quatro dólares o quilograma, o que corresponde, aproximadamente, a 550 dólares o quilograma de U-235 não-separado, equivalente, em termos de energia, a dezoito mil dólares de carvão e 66 mil dólares de gasolina. Se o processamento necessário, tal como purificação, redução a metal e separação de isótopos, não se mostrar demasiadamente caro, o urânio talvez seja capaz de competir com os outros combustíveis em termos de custo.

TABELA 2
TAXAS MÉDIAS DE PRODUÇÃO DE ENERGIA MECÂNICA

Usinas de energia	milhões de kw.
Automóveis, aviões, etc.	25
Locomotivas	7
Navios comerciais	3
Usinas fixas	25
Total	60

No que diz respeito ao custo de utilização, devemos nos lembrar que uma usina atômica implica maquinário comparável ao de estações de turbina a vapor ou a gás, exceto pelo fato de ter uma pilha em vez de um queimador ou uma câmara de combustão, e é mais complexa pelos problemas de radiação e blindagem. É de se duvidar, portanto, que o custo e a manutenção de uma usina atômica possa ser inferior ao de usinas movidas a combustíveis tradicionais, podendo mesmo vir a ser consideravelmente maior.

A taxa média de produção de energia mecânica nos Estados Unidos é dada, em valores aproximados, na Tabela 2. Grande parte da produção das usinas fixas corresponde à energia elétrica. Cerca de dois terços dessa energia elétrica é proveniente de estações que queimam combustível, e o terço restante, de usinas hidrelétricas.

A energia atômica é incapaz de competir no importante campo da indústria automobilística devido ao grande peso (dezenas de toneladas) da blindagem necessária para isolar a pilha, e também devido aos altos custos representados pela quantidade do material físsil exigido para a construção de uma unidade de reação em cadeia. É concebível que grandes locomotivas consi-

TABELA 3
TAXAS MÉDIAS DE PRODUÇÃO DE CALOR

	Estados Unidos, milhões de kw.	Mundo, milhões de kw.	Percentual dos Estados Unidos no total mundial
Carvão	500	2.000	25
Petróleo	300	500	60
Gás natural	100	110	90
Total	900	2.610	35

gam arcar com o peso da blindagem, podendo ser vistas como um caso limítrofe. Navios e usinas fixas são, decididamente, boas possibilidades para o uso de energia atômica, embora os aspectos econômicos relativos aos custos do combustível e da construção da usina tenham obviamente que ser levados em conta, bem como os riscos operacionais e de saúde.

A produção média de calor a partir de combustíveis minerais é indicada na Tabela 3. Se o total mundial fosse obtido unicamente a partir do carvão, cerca de três bilhões de toneladas anuais seriam necessárias, o que viria a esgotar as reservas de carvão estimadas em aproximadamente 2.700 anos. Cerca de 0,4 do combustível usado nos Estados Unidos vai para a produção de energia mecânica, 0,2 para aquecimento não-industrial e 0,4 para aquecimento industrial (apenas uma fração da energia usada para a produção de energia mecânica é de fato convertida em potência mecânica). Desse modo, uma fração considerável de nosso combustível é usada em aquecimento, e não para fins de produção de energia. Os prédios poderiam ser aquecidos por energia atômica sem a necessidade de altas temperaturas de pilha. E as usinas de energia atômica, para mencionar uma de suas virtudes simpáticas, não lançariam fumaça na atmosfera.

Uma vantagem específica da energia atômica é o pouco peso do combustível. Desse modo, uma vez instalada a usina, os serviços de aquecimento ou de produção de energia passam a ser praticáveis em localidades remotas, onde os custos de transporte tornariam inviáveis o uso de combustíveis pesados comuns. É possível imaginar que um país que não possua recursos de petróleo ou carvão venha a poder manter uma economia energética com base em eletricidade gerada em estações de energia atômica. No entanto, esses tópicos ainda terão que ser objeto de muito estudo por parte de engenheiros de energia, economistas e outros especialistas, antes de podermos ir além do nível da pura especulação. Sem respostas para essas muitas perguntas, o problema do controle da energia atômica tende a continuar confuso, e é de se esperar que novas informações venham a ser fornecidas em breve, para que esses estudos possam ter prosseguimento.

O peso do combustível também é importante no que se refere às unidades móveis. Se o peso do carvão ou petróleo transportado por um navio exceder o peso da blindagem exigida pela conversão para a energia atômica, essa conversão seria vantajosa em termos de economia de peso total. Navios movidos a energia atômica ou, caso eles venham a ser possíveis, aviões movidos a energia atômica, provavelmente serão capazes de cobrir grandes distâncias sem reabastecimento.

Outra vantagem da energia atômica é que ela não exige oxigênio e não emite gases de combustão, o que, em alguns casos, compensaria os consideráveis problemas colocados por suas desvantagens. Haveria então a possibilidade de usinas de energia funcionarem em lugares confinados, sob água, nos submarinos, em locais subterrâneos, ou, se as muitas dificuldades

TABELA 4
OUTRAS ESTIMATIVAS

População da Terra	2 bilhões
População dos Estados Unidos	0,13 bilhões
Taxa de energia *per capita*	$\begin{cases} 7.000 \text{ watts (Estados Unidos)} \\ 1.300 \text{ watts (mundo)} \end{cases}$
Taxa metabólica do corpo humano	$\begin{cases} 100 \text{ watts em repouso} \\ 300 \text{ watts em caminhada rápida} \end{cases}$
Energia total usada pelo homem	3×10^9 kw
Energia solar incidindo sobre a Terra	$1,7 \times 10^{14}$ kw
Recursos mundiais de carvão (estimativa)	8×10^{12} toneladas
U-235 na crosta terrestre (estimativa)	2×10^{12} toneladas
Equivalente em luz solar dos recursos de carvão	15 dias
Equivalente em luz solar do total do U-235	30.000 anos
Equivalente em luz solar do U-235 em depósitos conhecidos	3 minutos

puderem algum dia ser superadas, fora da atmosfera da Terra, em naves espaciais.

  Há muito urânio na crosta terrestre, mas não se sabe quanto dele será acessível ao uso. A energia presente nos depósitos de urânio rico conhecidos antes da guerra é, como indicado na Tabela 4, insignificante se comparada à energia dos depósitos de carvão conhecidos. Aliás, se esse fosse o total de nossos depósitos de urânio, seria insensato desperdiçá-lo em usos para os quais os combustíveis comuns mais abundantes seriam suficientes. Não há dúvida de que nunca antes se viu uma caça ao tesouro escondido como a que, embora discretamente, vem hoje ocorrendo em todo o mundo.

5

A NOVA ARMA
A volta do parafuso

J. R. Oppenheimer

J. R. OPPENHEIMER, antes da guerra, era professor de Física na Universidade da Califórnia, onde dirigia a principal escola de Física Teórica dos Estados Unidos. Durante a guerra assumiu a chefia do Laboratório de Los Alamos, no Novo México. Hoje trabalha no California Institute of Technology.

"A liberação da energia atômica constitui-se numa nova força, revolucionária demais para ser considerada no quadro das antigas idéias (...)" (presidente Harry S. Truman, em sua mensagem ao Congresso sobre a energia atômica, em 3 de outubro de 1945.)

Com essas corajosas palavras, o presidente dos Estados Unidos deu expressão à profunda convicção que prevalece entre os que vêm refletindo sobre o que as armas atômicas significam para o mundo, a convicção de que essas armas exigem e, por sua simples existência, ajudarão a criar mudanças profundas e radicais na política mundial. Tais palavras do presidente foram muitas vezes citadas, na maioria das vezes por homens que acreditavam em sua validade. Qual a fundamentação técnica para essa crença? Por que um avanço surgido na última guerra para ser apenas a extensão e a consumação das técnicas de bombardeio estratégico teria implicações tão radicais?

É certo que as armas atômicas, ao surgir, vieram cercadas de elementos de espetacular novidade. É certo que elas, como novas fontes de energia, trazem consigo transformações muito reais na capacidade do homem de explorar e controlar essas fontes e também nos tipos de situação física que somos capazes de criar na Terra. Essas qualidades prometéicas de impacto e inovação, que tocam tão profundamente os sentimentos com que o homem encara o mundo natural e seu lugar dentro dele, sem dúvida só fizeram aumentar o interesse que as armas atômicas já despertavam antes. Essas qualidades podem mesmo vir a desempenhar o valioso papel de convencer os homens a levar devidamente a sério os graves problemas colocados a eles por esses avanços técnicos. Mas a natureza verdadeiramente radical das armas atômicas não reside nem na forma repentina com que elas surgiram em laboratórios e fábricas cercadas de sigilo nem no fato de explorarem uma energia qualitativamente diferente, em termos de sua origem, das fontes tradicionais. A transformação radical trazida pelas armas atômicas reside em seus vastos poderes destrutivos e no fato de que os esforços necessários para concretizar essa destruição são hoje muito menores. Reside também na conseqüente necessidade de métodos novos e mais eficazes para que a humanidade possa controlar o uso de seus novos poderes.

Nada de realmente novo pode afetar o curso das vidas humanas se não houver existido antes. Nada pode ser efetivamente revolucionário se não tiver profundas raízes na experiência humana. Se, como acredito, a liberação da energia atômica for de fato revolucionária, isso certamente não se deve a que sua promessa de rápidas mudanças tecnológicas e seus fantásticos e reais poderes destrutivos não encontrem analogia em nossa história recente. Ao contrário, isso ocorre porque essa história nos preparou bem para entender o possível significado de todas essas coisas.

Para fins de clareza, talvez valha a pena tratar brevemente desses três elementos inovadores: (1) as armas atômicas como uma nova fonte de energia, (2) as armas atômicas como uma nova expressão do papel da ciência de base, e (3) as armas atômicas como um poder destrutivo novo.

Como uma nova fonte de energia

A energia que extraímos do carvão, da madeira e do petróleo origina-se da luz do Sol, que, através dos mecanismos de fotossíntese, armazena essa energia na matéria orgânica. Quando esses combustíveis são queimados, eles mais ou menos retornam aos produtos simples e estáveis a partir dos quais, pela luz do Sol, a matéria orgânica foi construída. A energia originada na potência hídrica também vem da luz solar, que evapora água para que possamos explorar a energia de sua queda. A energia necessária à própria vida vem da mesma matéria orgânica, criada pela luz do Sol a partir da água e do dióxido de carbono. De todas as fontes de energia usadas na Terra, apenas a força das marés parece não provir diretamente da energia irradiada pelo Sol.

A energia solar é energia nuclear. No interior mais profundo do Sol, onde a matéria é muito quente e bastante densa, os núcleos de hidrogênio reagem lentamente para formar hélio, não diretamente entre si, mas por uma complexa série de colisões com o carbono e o nitrogênio. Essas reações, que ocorrem lentamente mesmo às altas temperaturas do centro solar, são tornadas possíveis pela simples razão de que essas temperaturas, de cerca de vinte milhões de graus, se mantêm inalteradas. A razão para tal é que as enormes forças gravitacionais da massa solar impedem que o material se expanda e se resfrie. Nunca foram apresentadas propostas no sentido de reproduzir essas condições na Terra, ou de extrair energia, de forma controlada e em larga escala, da conversão do hidrogênio em hélio e outros núcleos mais pesados.

A energia nuclear liberada nas armas atômicas e nos reatores nucleares controlados tem uma fonte bem diversa, que hoje nos parece bastante acidental. Os núcleos dos elementos muito pesados são menos estáveis que os de elementos como o ferro, de peso atômico médio. Por razões que não entendemos, elementos pesados e instáveis como esses existem na Terra. Como descoberto logo antes da guerra, os elementos mais pesados não precisam ser fortemente estimulados para se cindirem em dois núcleos mais leves. Até onde se sabe, é por mero acidente que existem no mundo elementos mais pesados que o chumbo e, para este, não parece existir um método praticável de induzir fissão que, no urânio, pode ser causada pela simples captura de um nêutron. Em certos materiais, principalmente o U-235 e o plutônio, essa fissão produz nêutrons em número suficiente, com boas possibilidades de que, em circunstâncias adequadas, esses nêutrons venham a causar novas fissões em outros núcleos, de modo a que a reação de fissão vá escalando numa cadeia divergente de reações sucessivas, e que uma boa parte da energia latente no material venha a ser de fato liberada.

Até onde sabemos, essas coisas só acontecem nas armas atômicas que construímos e usamos e, de forma um pouco mais complexa, nos grandes reatores ou pilhas. Elas não ocorrem em qualquer outro lugar do universo. Fazer com que ocorram exige uma intervenção especificamente humana no mundo físico.

O interior de uma bomba de fissão no momento da explosão é um lugar sem paralelos. Sua temperatura é mais alta que o interior do Sol, é cheio de matéria que não existe normalmente na natureza e de radiações (nêutrons, raios gama, fragmentos de fissão, elétrons) de uma intensidade sem precedentes na experiência humana. As pressões são um trilhão de vezes maiores que a pressão atmosférica. No sentido mais cru e simples, é certamente verdade que, nas armas atômicas, o homem tenha criado uma inovação.

Como uma nova expressão do papel da ciência

Ao que parece, nunca aconteceu na história humana de o conhecimento básico sobre a natureza do mundo físico ter sido aplicado de forma tão rápida para mudar, em sentidos tão importantes, as condições físicas da vida do homem. Em 1938, não se sabia que a fissão podia ocorrer. Que eu saiba, a existência, as propriedades e os métodos de fabricação do plutônio não haviam ainda ocorrido a ninguém. O rápido desenvolvimento verificado a partir de então só foi possível em razão das circunstâncias extremas da guerra e graças à grande coragem dos governos dos Estados Unidos e da Grã-Bretanha, à tecnologia avançada e à união de um povo. Mesmo assim, esse desenvolvimento exigiu muito dos cientistas, que desempenharam um papel mais íntimo, deliberado e consciente numa intervenção que alterou as condições da vida humana de forma inédita em nossa história.

A conseqüência óbvia dessa participação íntima dos cientistas foi um senso de responsabilidade totalmente novo, a preocupação com o que eles haviam feito e com o que poderia daí advir. Este livro é uma expressão dessa preocupação. Um aspecto mais sutil dela, muitas vezes não reconhecido mas que, no longo prazo, talvez venha a se mostrar mais importante e mais construtivo é o seguinte: os cientistas, não pela natureza do que eles descobrem, mas pela maneira como o fazem, são humanistas. A ciência, por seus métodos, seus valores e pela natureza da objetividade buscada por ela, é universalmente humana. É natural, portanto, que os cientistas vejam sob uma luz muito ampla o novo mundo da energia atômica e das armas atômicas. E, sob essa luz, o conjunto de experiências, de esforços e de valores que prevalece entre os cientistas das diferentes nações é comparável, em importância, à comunidade de interesses que une os homens e as mulheres de uma mesma nação. É natural que eles complementem a fraternidade que une o povo de um país com a que prevalece entre os homens de ciência de todo o mundo, com o valor conferido por eles ao conhecimento, e com a tentativa – que é parte de sua herança histórica – de transcender os acidentes da história pessoal ou nacional na descoberta de fatos novos sobre a natureza do mundo físico.

A injeção desse espírito científico no problema das armas atômicas, em que desde o início ficou claro que idéias puramente nacionais de bem-estar e segurança viriam certamente a se mostrar inadequadas, foi reconhecida, e também claramente entendida, tanto pelos próprios cientistas, quanto pelos homens de Estado. A ênfase colocada – nas declarações do presidente e na declaração conjunta dos chefes de Estado da Grã-Bretanha, do Canadá e dos Estados Unidos – na importância da restauração da fraternidade universal e da liberdade da ciência é prova desse reconhecimento. Não se deve pensar que esse reconhecimento signifique que a colaboração na esfera da ciência trará a solução para os problemas das relações entre as nações, nem que os cientistas possam vir a desempenhar um papel exagerado no encontro dessa solução. Esse reconhecimento significa apenas que, no trato desses problemas, um enfoque coletivo, onde os interesses nacionais não podem desempenhar mais que um papel limitadamente construtivo, será necessário para que uma solução venha a ser encontrada. Esse enfoque foi característico da ciência, ao longo de sua história. A novidade é sua aplicação aos problemas das relações internacionais.

Como um novo poder destrutivo

Nessa última guerra, o lançamento de explosivos sobre alvos inimigos custou aos Estados Unidos cerca de 22 dólares por quilograma. O lançamento de cinqüenta mil toneladas de explosivos custaria assim um bilhão de dólares. Embora ainda não existam estimativas precisas sobre o custo de fabricação de uma bomba atômica equivalente a cinqüenta toneladas de explosivos comuns em termos de energia liberada, parece certo que esse custo seria muitas centenas, talvez milhares de vezes menor. Tonelada por tonelada equivalente, os explosivos atômicos são muito mais baratos que os explosivos comuns. Antes que conclusões possam ser tiradas desse fato, uma série de pontos têm que ser examinados. Mas acabaremos por concluir que a suposição inicial estava correta: os explosivos atômicos aumentam enormemente o poder de destruição por dólar gasto e por homem-hora investido, perturbando profundamente o precário equilíbrio entre os esforços investidos e a extensão da destruição alcançada.

A área destruída por uma explosão dá uma idéia melhor desse poder do que a energia da explosão. No caso de uma bomba atômica, a área destruída pela detonação aumenta a potência elevada a dois terços, e não proporcionalmente à liberação de energia. No que se refere à explosão, uma bomba atômica talvez tenha uma eficácia cinco vezes menor que a mesma tonelagem equivalente lançada por bombas muito potentes ou por mísseis menores. Mas, nos ataques a Hiroshima e Nagasaki, os efeitos do calor, em especial sobre os seres humanos, foram comparáveis aos efeitos da explosão. Esses efeitos aumentam proporcionalmente na área afetada pela liberação de energia da arma, assumindo assim maior importância conforme a potência da bomba aumenta.

Quanto a isso, cabe perguntar que desenvolvimentos técnicos o futuro reserva à indústria, ainda incipiente, dos armamentos atômicos. Que eu saiba, nenhuma sugestão foi até hoje apresentada no sentido de reduzir significativamente o tamanho unitário das armas e, ao mesmo tempo, manter baixos ou reduzir ainda mais os custos por unidade de área devastada. Por outro lado, foram apresentadas propostas aparentemente razoáveis de reduzir em dez vezes ou mais o custo da destruição por quilômetro quadrado, que foram examinadas em caráter preliminar, concluindo-se que isso seria possível, embora implicando um grande aumento da potência unitária dos armamentos. É óbvio que essas armas teriam sua aplicação limitada à destruição de alvos de grande importância, como por exemplo a Grande Nova York.

Talvez caiba aqui uma observação sobre os efeitos específicos das radiações nucleares – nêutrons e raios gama – produzidas pela explosão. O caráter novo desses efeitos, somado ao fato de efeitos letais terem continuado a se manifestar muitas semanas após a explosão, vem atraindo muita atenção. Mas, em Hiroshima e Nagasaki, essas radiações foram a causa de uma fração bastante pequena das mortes. É provável que o mesmo venha a se aplicar também às armas atômicas futuras, embora não possamos ter certeza.

Uma discussão da economia da destruição atômica não estaria completa sem uma menção às medidas de defesa possíveis. Uma dessas medidas, que talvez tivesse como efeito a elevação do custo da destruição, seria a eliminação de alvos grandes o bastante para as armas mais poderosas, através da dispersão das cidades e das indústrias. Mais difícil de avaliar é o efeito de métodos altamente aperfeiçoados de interceptação do veículo portador da arma atômica. Essa questão é examinada em certo nível de detalhe pelo Dr. Ridenour, no capítulo 7. Pode ser dito aqui que a atual situação não justifica a crença de que essas técnicas de interceptação alterariam de forma significativa o custo da destruição atômica.

Embora pareça virtualmente certo que as armas atômicas possam ser usadas de forma eficaz contra pessoal de combate, fortificações, pelo menos a de determinados tipos, e navios, seu absurdo poder de destruição é maior nos bombardeios estratégicos, ou seja, na destruição de centros populacionais e parques industriais. Uma vez que, na última guerra, os Estados Unidos e a Grã-Bretanha mostraram-se dispostos a fazer uso de demolição maciça e de ataques incendiários dirigidos contra centros civis, chegando mesmo a usar armas atômicas contra alvos preponderantemente civis, não seria realista alimentar grandes esperanças de que esse uso não venha a ser feito em uma grande guerra futura.

Os muitos fatores discutidos acima, além de outros que não cabe examinar aqui, tornam inadequado e impossível o cálculo de uma cifra precisa dos custos prováveis e, conseqüentemente, dos esforços possivelmente implicados na devastação atômica. É claro também que esses custos dependeriam, primeiramente, das políticas técnicas e militares adotadas pela nação engajada no uso de armas atômicas. Mas nenhuma dessas incertezas obscurece o fato de que o custo de destruir um quilômetro quadrado com armas atômicas será enormemente menor do que com quaisquer outras armas bélicas até hoje empregadas. Minha própria estimativa é que o advento dessas armas virá a reduzir os custos em um fator certamente maior que dez, mais provavelmente num fator de cem*. Nesse sentido, apenas a guerra biológica parece capaz de competir com o mal que um dólar pode causar.

Parece assim que o poder de destruição que os homens têm em suas mãos foi, de fato, qualitativamente transformado pelas armas atômicas. Em particular, fica claro que não podemos mais contar com a relutância dos povos e dos governos em desviar uma grande parte de seus recursos e de seus esforços para os preparativos bélicos, como garantia de que esses preparativos não venham a ocorrer. Ao que tudo indica, a aquisição consciente desses novos poderes de destruição exige uma determinação igualmente consciente de que eles não devam ser usados, e de que todas as medidas necessárias devem ser tomadas para assegurar que não venham a sê-lo. Essas medidas, uma vez tomadas, forneceriam os instrumentos adequados para evitar guerras entre países.

Essa situação, na verdade, guarda alguma analogia com uma hipótese que, sem qualquer fundamentação técnica, foi proposta em tempos recentes. Foi sugerido que alguma arma atômica futura poderia vir a desencadear reações nucleares que destruiriam a própria Terra, ou a tornariam imprópria para a continuação da vida. Com base em tudo o que hoje sabemos, e que não é pouco, esses temores não têm fundamento. Uma arma atômica, até onde sabemos, não irá causar destruição física aos homens ou à nação que dela fizerem uso. A mim parece, entretanto, que, na defesa da necessidade de evitar guerras dessa natureza no futuro, a consciência das conseqüências de uma guerra atômica para todos os povos da Terra, agressores e atacados em igual medida, é um argumento não menos convincente que as possibilidades mencionadas acima. Pois os perigos para a humanidade são, de certo

---

* Ver a estimativa do general Arnold, na página 94.

modo, igualmente graves e, para mim pelo menos, fica evidente que as vantagens alcançadas por um país específico não representam compensação suficiente.

O vasto aumento dos poderes destrutivos conferidos a nós pelas armas atômicas trouxe consigo uma profunda mudança no equilíbrio entre interesses nacionais e internacionais. O interesse comum de todos os países na prevenção de uma guerra atômica parece eclipsar por completo qualquer interesse puramente nacional, quer econômico ou de segurança. Ao mesmo tempo, parece ser de valor muito duvidoso, no longo prazo, confiar em métodos puramente nacionais de garantir a segurança, como discutido em grande detalhe em outros trechos deste livro. A verdadeira segurança de nossa nação, como a de qualquer outra, só será atingida, se o vier a ser, por meio dos esforços coletivos de todos os países.

Já hoje é evidente que esses esforços não terão êxito caso sejam encarados apenas como complementação ou garantia secundária da defesa nacional. Na verdade, está claro que esses esforços coletivos irão exigir, como já o fazem agora, uma clara renúncia às medidas que, no passado, tinham como objetivo garantir a segurança nacional. Está claro que, num sentido muito real, os padrões passados de segurança nacional deixaram de ser consistentes com a conquista da segurança no único nível onde hoje, em plena era atômica, essa segurança pode de fato existir. É possível que, em tempos futuros, as armas atômicas venham a ser lembradas principalmente por terem causado essa transformação. É por essa razão que elas virão a parecer "revolucionárias demais para serem consideradas no quadro das antigas idéias".

6

A FORÇA AÉREA NA ERA ATÔMICA

General-de-exército H. H. Arnold

O GENERAL-DE-EXÉRCITO H. H. ARNOLD foi membro da Força Aérea do exército americano a partir de 1919 e Chefe do Estado-maior Aeronáutico de março de 1943 a fevereiro de 1946. Este capítulo consiste em seu último pronunciamento público como comandante das Forças Aéreas.

"Temos consciência de que, para o mundo civilizado, a única proteção total contra o uso destrutivo do conhecimento científico reside em evitar a guerra".

Essa frase, retirada da declaração conjunta do presidente Truman, do primeiro-ministro Atlee e do primeiro-ministro King, de novembro de 1945, é uma afirmativa direta, por parte das três grandes nações, de que a destruição por meio de poderio aéreo tornou-se barata e fácil demais. Isso já era verdade mesmo antes da criação da bomba atômica, quando bombardeios aéreos maciços vinham arrasando grandes centros urbanos da humanidade. A conseqüência desse baixo custo da destruição – principalmente depois de essa destruição ter sido multiplicada em muitas vezes pela repentina, vasta e devastadora força da bomba atômica – é que a existência da civilização fica sujeita à boa vontade e ao bom-senso dos homens que controlam o uso desse poderio aéreo. Hoje, o que o mundo precisa, mais do que qualquer outra coisa, é aprender a controlar as forças humanas causadoras das guerras.

Enquanto esse controle não for alcançado, a missão das Forças Aéreas é proteger os Estados Unidos através do emprego de seu poderio aéreo. Além disso, conforme estipulado na Carta das Nações Unidas, as Forças Aéreas devem possuir contingentes que possam ser imediatamente mobilizados em ações conjuntas na esfera internacional. E, para o desempenho dessas responsabilidades, as Forças Armadas têm que manter um programa de prontidão capaz de fornecer a máxima segurança possível. Permitam-me examinar o problema tal como ele hoje se apresenta a nós.

A economia do poderio aéreo

A grande transformação causada pelos explosivos atômicos na natureza do poderio aéreo foi a redução do custo da destruição. A ruína total de cidades por bombas incendiárias e de alto poder explosivo havia-se tornado fato consumado já no início da guerra, como o nome Coventry nos faz lembrar. Durante a guerra, os bombardeios estratégicos fizeram enormes progressos em termos de eficácia e eficiência e, no ataque ao Império Japonês, tornaram-se altamente lucrativos do ponto de vista militar. Mas, em termos comparativos, a bomba atômica torna insignificantes todos esses avanços. Abordar esses problemas em termos de seu custo em dólares talvez deixe mais claros esses fatos.

O programa B-29 representa o ponto alto do avanço contínuo das técnicas de aniquilação por poderio aéreo. Em fins de 1945, a Vigésima Força Aérea vinha destruindo cidades industriais japonesas numa taxa de um quilômetro quadrado para cada 1,2 milhões de dólares saídos do orçamento bélico. Esse custo inclui todas as organizações de apoio no solo, tanto continentais como ultramarinas. Essa é a melhor estimativa dos custos *operacionais* de que dispomos. Os grandes investimentos em expansão, deixados incompletos devido à rendição do Japão, foram excluídos do cálculo.

As cifras oficiais sobre o custo da bomba atômica nunca foram divulgadas, mas, para fins de comparação, iremos usar, como estimativa não-oficial do custo da produção em massa por bomba, o montante de cerca de um milhão de dólares citado pelo doutor Oppenheimer no capítulo anterior. O custo do lançamento da bomba, representado pelos vôos dos aviões-bombardeiros e dos vários aviões meteorológicos e de reconhecimento, seria de cerca de 240 mil dólares, elevando para cerca de 1,24 milhões de dólares o custo total por bomba lançada. A bomba de Hiroshima destruiu 10,6 quilômetros quadrados, e a de Nagasaki, 3,6, resultando numa média de 7,1 quilômetros quadrados por bomba. Resulta daí que o custo de destruir um quilômetro quadrado por meios atômicos é inferior a duzentos mil dólares. Assim, o uso de bombas atômicas é no mínimo seis vezes mais econômico que os bombardeios convencionais.

Esse cálculo de uma economia seis vezes maior baseia-se nas estimativas mais conservadoras. No caso de Nagasaki, a forma da área-alvo era tal que grande parte do poder destrutivo da bomba caiu sobre terrenos vazios. Além disso, a bomba de Nagasaki foi apenas a terceira a explodir em toda a história, e os aperfeiçoamentos futuros certamente irão aumentar a eficácia dos novos modelos. Destruir um quilômetro quadrado de uma cidade moderna, no futuro, custará bem menos que duzentos mil dólares.

A devastação de cidades não é o objetivo da força aérea estratégica. Seu objetivo é enfraquecer a força militar e a capacidade de resistência do inimigo até que ele possa ser invadido com sucesso por forças terrestres, como ocorreu na Alemanha, ou capitule frente à derrota inevitável, como fez o Japão. Na Alemanha, os golpes aéreos decisivos foram dirigidos contra instalações de petróleo e de transportes, e embora o valor total desses prejuízos, expresso em dólares, não tenha sido tão alto quanto o correspondente à destruição das grandes cidades, eles tiveram o efeito de paralisar toda a máquina de guerra alemã, tornando praticável a invasão por terra.

Com a redução do custo da destruição permitida pela bomba atômica, o esforço exigido para a total devastação de todos os setores da indústria bélica inimiga passa a ser exeqüível na prática. Aqui também um argumento baseado em dólares servirá como ilustração. O terremoto de Tóquio de 1923 destruiu onze mil acres, com uma perda estimada de 2,75 bilhões de dólares. Assim, cada quilômetro quadrado representou um prejuízo de 62 milhões de dólares para os japoneses*. O valor de um quilômetro quadrado em Tóquio era menor à época do terremoto que à época da destruição pelos B-29s. Uma vez que, para nós, o custo de implementar essa destruição dava-se numa taxa de cerca de 1,2 milhões de dólares por quilômetro quadrado, os ataques dos B-29s foram lucrativos por um fator de cerca de cinqüenta, ou seja, o custo para o Japão foi aproximadamente cinqüenta vezes maior que o custo para nós. Embora esses números que acabamos de citar dêem uma idéia razoavelmente fidedigna dos custos bélicos relativos para as duas nações, é necessário apontar que nem todo tipo de destruição impediu o japão de dar continuidade a seus esforços de guerra. Uma grande fração desses 62 milhões de dólares por quilômetro quadrado destruído representava danos a propriedades particulares e a instalações desnecessárias à produção bélica. No entanto, a pequena fração restante,

---

* Quando os estudos do Levantamento dos Bombardeios Estratégicos dos Estados Unidos no Japão forem concluídos, será possível usar dados atualizados.

correspondendo aos danos que provocavam perdas estratégicas de capacidade bélica (cerca de um oitavo), era cerca de seis vezes maior que o custo, para nós, de provocar esses danos. No que diz respeito ao custo final da guerra para a civilização como um todo, o valor da destruição total é altamente significativo, e a economia de potência aérea na produção dessa destruição é de cerca de cinqüenta vezes, como mostrado anteriormente. Mas, com o advento dos explosivos atômicos, a destruição será no mínimo seis vezes mais econômica*. Desse modo, numa guerra futura, espera-se que cada dólar gasto numa ofensiva aérea cause mais de trezentos dólares de dano ao inimigo.

Os números cinqüenta e trezentos são argumentos poderosos em favor de uma ordem mundial que venha a eliminar o uso de poderio aéreo nos conflitos. Esses números, embora sendo apenas estimativas aproximadas, transmitem, de forma compacta, o duro fato de que destruição agora é barata demais e fácil demais. Eles representam uma nova fase na história das guerras. No passado, quando uma nação atacava outra por terra, as perdas sofridas por ambas limitavam-se às tropas e aos recursos diretamente empregados. Hoje, esse limite é determinado apenas pelo total dos recursos expostos às bombas atômicas. No passado, uma guerra podia consumir a renda de um país por alguns anos. No futuro, ela consumirá também o capital. Dólares foram usados como medida de valor por serem familiares e específicos. Não é necessário ressaltar os argumentos que levam em conta vidas humanas, condições de vida dignas e outros valores da civilização. Em qualquer dos casos, a conclusão será a mesma: a destruição por poderio aéreo será fácil demais. Os esforços despendidos na cooperação internacional jamais serão excessivos caso possam garantir que essa destruição venha a ser evitada.

---

* Ver as estimativas do Dr. Oppenheimer, na página 88.

O crescimento do poderio aéreo

Para que o problema seja examinado de uma perspectiva correta, consideremos primeiramente a crescente eficácia do poderio aéreo até o presente. Na Primeira Guerra Mundial, o poderio aéreo desempenhou um papel estratégico insignificante, sua função sendo primordialmente tática. Na fase européia da Segunda Guerra Mundial, o efeito estratégico foi de importância decisiva, chegando a enfraquecer a máquina bélica ao ponto de tornar impossível a defesa terrestre. Na fase japonesa da Segunda Guerra Mundial, o poderio aéreo foi decisivo e, para livrarem-se da destruição provocada pelos B-29s, os japoneses capitularam.

A escalada da força do poderio aéreo é mostrada de forma sucinta por cifras indicativas da tonelagem das bombas:

	Ano	Toneladas usadas pela Força Aérea dos Estados Unidos
Segunda Guerra Mundial na Europa	1942	6.123
	1943	154.117
	1944	938.952
Segunda Guerra Mundial no Pacífico	1942	4.080
	1943	44.683
	1944	147.026
	1945	1.051.714*
	1946	3.167.316*

* Essas cifras, que não incluem as bombas atômicas, incluem as tonelagens projetadas para o final de 1945 e para 1946.

A aquisição da energia atômica e seu emprego no clímax da Guerra do Pacífico tenderam a obscurecer um ponto importante. Mesmo antes de um de nossos B-29s ter jogado a bomba atômica sobre Hiroshima, a situação militar do Japão já era inviável. A projeção de tonelagens mostrada acima teriam forçado uma capitulação no máximo até 1946. Não é nossa intenção depreciar as vastas e terríveis conseqüências da bomba atômica, mas temos boas razões para crer que seu uso, antes de mais nada, representou uma saída para o governo japonês. É fato que os japoneses não teriam conseguido resistir por muito mais tempo, porque haviam perdido o controle do espaço aéreo. Não tinham mais capacidade de se opor aos bombardeios e ao lançamento de minas explosivas por nossos aviões, sendo portanto incapazes de evitar a destruição de suas cidades e indústrias e o bloqueio de sua marinha mercante.

AUMENTO DA VELOCIDADE, ALCANCE E CARGA DE BOMBAS DOS AVIÕES MILITARES DOS ESTADOS UNIDOS

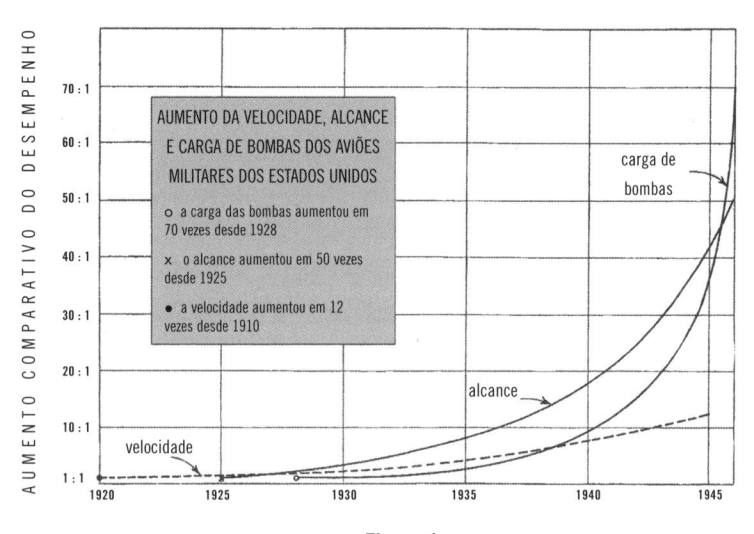

o a carga das bombas aumentou em 70 vezes desde 1928
x o alcance aumentou em 50 vezes desde 1925
• a velocidade aumentou em 12 vezes desde 1910

Figura 1

O poderio aéreo alemão também avançava, embora em linhas diferentes. Como o domínio do ar pelos Aliados os impedia de fazer um uso eficaz de bombardeiros pilotados em seus ataques contra a Inglaterra, eles voltaram-se para armas alternativas de poderio aéreo e desenvolveram os V-1, o bombardeiro a jato, não-pilotado e descartável, e o V-2, a extensão lógica da propulsão a jato para as condições estratosféricas. Os alemães viram-se forçados a abandonar os V-1 quando a costa francesa foi recapturada, mas, durante o período em que foram usados, eles operaram com uma boa margem de lucro, causando grandes danos e forçando os Aliados a adotarem contramedidas que muitas vezes lhes custaram esforços maiores que o custo da campanha para os alemães.

O aumento de nosso poderio aéreo ofensivo originou-se de três fatores que têm que ser levados em conta em nosso planejamento futuro.

1. *Aumento de tamanho*. Tanto a produção de aviões quanto as Forças Aéreas do exército tiveram grande expansão. Esses são fatos conhecidos e estudados, que não precisam ser discutidos aqui.

2. *Aumento da qualidade e da eficiência dos instrumentos do poderio aéreo*. Aqui incluem-se aviões, equipamentos eletrônicos de todos os tipos e, principalmente, explosivos, entre os quais a bomba atômica. Esse aumento de qualidade não é alcançado de um dia para o outro, só ocorrendo graças a esforços amplos e persistentes em pesquisa e desenvolvimento. Como resultado desse aumento de qualidade, os B-29 lançavam bombas de alcance três vezes maior por metade do custo por tonelada, em comparação aos bombardeiros pesados europeus. A Figura 1 dá uma idéia geral desses avanços de projeto. As curvas correspondentes à velocidade, ao alcance e à carga de bombas dos aviões em uso nas datas indicadas mostram uma elevação contínua nos anos de paz, que foi fortemente acelerada durante a guerra[*]. Essa aceleração reflete não apenas a maior rapidez com que os

---

[*] Na verdade, a intensificação da pesquisa e do desenvolvimento após Pearl Harbor, embora tendo aperfeiçoado as características dos tipos projetados anteriormente, não levou à introdução de novos aviões de combate. Todos os nossos aviões de combate foram projetados antes de nossa entrada na guerra.

PRECISÃO DOS BOMBARDEIOS
Missões Visuais – 817 – 8ª Força Aérea

Figura 2

novos modelos eram levados às linhas de produção, mas também a intensificação da pesquisa e do desenvolvimento. Se essa intensificação de nossos programas de pesquisa tivesse ocorrido antes da guerra, novos tipos de aviões de combate teriam salvado muitas vidas americanas. A lição a ser extraída desses fatos é que as pesquisas devem ter continuidade durante os tempos de paz, não podendo ser negligenciadas até o momento em que as nuvens da guerra comecem a se formar. Isso vale principalmente se a guerra que nos confronta implicar o uso de armas atômicas.

3. *Aumento da eficiência no uso das armas do poderio aéreo.* Os aperfeiçoamentos em nosso programa de treinamento e nas técnicas de uso das armas em combate produziram grandes aumentos da eficácia dos combates. Nos bombardeios visuais, a densidade das bombas que atingiram o alvo (Figura 2) pratica-

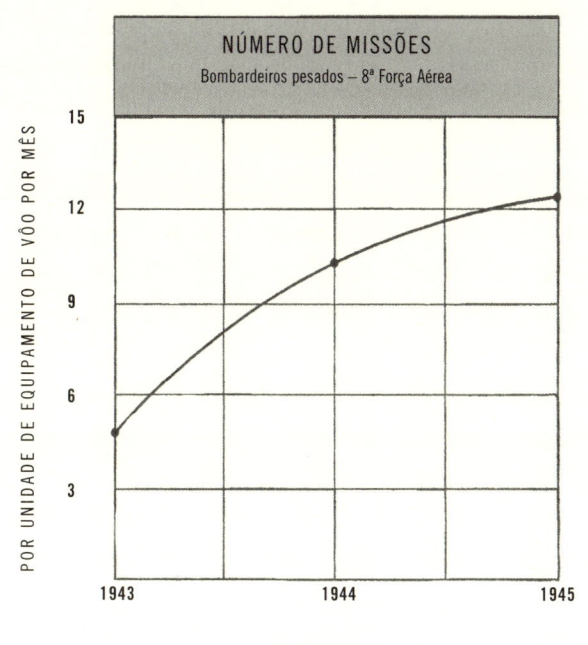

NÚMERO DE MISSÕES
Bombardeiros pesados – 8ª Força Aérea

POR UNIDADE DE EQUIPAMENTO DE VÔO POR MÊS

Figura 3

mente dobrou entre 1943 e 1945. Isso se deveu não apenas a uma maior perícia, mas também a um maior domínio do espaço aéreo, à medida que os aviões de combate alemães escasseavam. O número de vôos realizados por cada avião mais que dobrou entre 1943 e 1945 (Figura 3). Esse aumento se deu por aperfeiçoamentos em toda a linha, incluindo manutenção, organização de grandes missões e decréscimo da resistência inimiga.

O futuro do poderio aéreo

Antes do fim da Segunda Guerra Mundial, um B-29, ao lançar uma bomba atômica, causou danos equivalentes aos que trezentos aviões teriam causado. Uma das conseqüências desse fato é que a

Vigésima Força Aérea, usando bombas atômicas, poderia, num único dia de ataque, destruir uma parte maior da indústria japonesa do que a que foi de fato destruída ao longo de toda a campanha com B-29s, danos esses correspondendo a mais de 42% da área industrial urbana das 78 cidades atacadas. Essas cidades possuíam uma população total de mais de 21 milhões – quase que exatamente a mesma que nossas doze maiores cidades americanas. Esse dano, repito eu, teria exigido o esforço de menos que um dia por parte de uma força das dimensões da Vigésima Força Aérea. O custo das bombas atômicas numa base de produção em massa, segundo a estimativa não-oficial do Dr. Oppenheimer, seria de menos de duzentos milhões de dólares – uma soma bastante modesta para tempos de guerra. A continuação desse programa por alguns dias ou semanas viria a eliminar por completo a totalidade dos centros industriais do Império Japonês. Um destino semelhante teria se abatido sobre a Inglaterra, caso os alemães tivessem conseguido desenvolver explosivos atômicos para seus armamentos V.

Nossos B-29s já voaram, sem escalas, distâncias de mais de doze mil quilômetros. Ao que tudo indica, com aeronaves de modelos mais novos, vôos contínuos de mais de dezesseis mil quilômetros serão possíveis num futuro próximo. O significado estratégico desses fatos fica imediatamente evidente quando traçamos esses raios sobre um mapa. O que isso quer dizer é que, com exceções relativamente desprezíveis, todos os centros civilizados localizados no hemisfério Norte estão agora ao alcance do poder destrutivo de qualquer grande nação desse mesmo hemisfério.

Olhando apenas um pouco mais adiante no futuro, temos que considerar os avanços do foguete V-2. Com o projeto de um foguete composto principalmente de combustível, uma velocidade de 5.500 quilômetros por hora e um alcance de 320 quilômetros foram atingidos nas operações contra a Inglaterra. Esse foguete pesava quatorze toneladas e lançava apenas uma tonelada de explosivo. Os alemães vinham trabalhando no projeto de um foguete de alcance mais longo, usando um princípio de dois foguetes acoplados. Um foguete de grandes dimensões carregaria outro menor até uma velocidade de quatro mil quilômetros por hora. Nesse ponto, o foguete menor decolaria sozinho, atingindo uma velocidade de 9.300 quilômetros por hora, por uma distância de oitocentos quilômetros. O foguete combinado pesaria 110 toneladas, carregando uma tonelada de explosivos. Projetos que incorporavam foguetes com asas previam para os V-2 um alcance que atingiria 480 quilômetros, terminando a trajetória num vôo planado; e um aumento que chegaria a 4.800 quilômetros para foguetes da classe de cem toneladas. Esse fenomenal aumento no alcance dos foguetes baseou-se numa trajetória na qual o foguete se projetaria da atmosfera inferior à estratosfera numa sucessão de saltos (como uma pedra quicando na água), terminando num vôo planado. Extensões dessa técnica para os foguetes de mais de dois estágios permitem aumentar o alcance indefinidamente, com um decréscimo progressivo no percentual de carga útil. No entanto, os aumentos de alcance são de pouco valor estratégico se não levarem à destruição efetiva e econômica de alvos específicos.

 O problema do transporte de explosivos – ou talvez de correio, materiais ou mesmo de passageiros nas operações comerciais de tempos de paz – para uma destinação especificada não pode ser satisfatoriamente resolvido pelo método de apontar o foguete no ato do disparo, como um projétil de uma arma de fogo. Ao contrário, é necessário corrigir a mira e guiar o foguete ao longo da porção estratosférica de seu vôo. No caso dos V-2, esse controle da direção estava restrito aos primeiros 66 segundos de vôo, durante os quais o foguete atingia uma altura de dezenove quilômetros. O erro médio num disparo de 320 quilômetros era de seis quilômetros – um nível satisfatório para o bombardeio de grandes cidades como Londres. Mas esse mesmo grau de controle num disparo de 4.800 quilômetros levaria a um erro médio de noventa quilômetros – em outras palavras, apenas um em cada seiscentos foguetes lançados atingiria uma cidade do tamanho de Washington.

Para que uma precisão satisfatória seja alcançada, é preciso, em primeiro lugar, encontrar a correção de rota necessária para que o foguete atinja o alvo e, em seguida, alterar a trajetória do foguete de acordo com esse cálculo. Os métodos atualmente empregados, que tomam por base princípios de radar, satisfazem a primeira exigência, com precisão de 1,6 quilômetros para 160 quilômetros, e de 3,2 quilômetros para 970 quilômetros a partir das estações de controle. Não temos conhecimento de princípios básicos que impediriam que graus de precisão como esses, ou ainda maiores, fossem alcançados em distâncias mais longas. O problema de alterar o vôo dos foguetes provavelmente implicará desviar os tipos sem asas por meio de jatos de foguetes durante a porção estratosférica do vôo, e usar superfícies de controle convencionais para os tipos planadores e saltadores. O comentário mais pertinente a ser feito hoje sobre os foguetes é que a pesquisa e o desenvolvimento irão permitir aperfeiçoamentos de suas características, da mesma forma que as características das aeronaves foram aperfeiçoadas.

Foguetes de alcance muito longo não representavam uma ameaça grave antes da bomba atômica devido à alta razão entre o peso – e, conseqüentemente, o custo – do veículo e sua carga explosiva. Mesmo um foguete de dois estágios dificilmente seria economicamente compensatório, uma vez que o custo da destruição de um quilômetro quadrado por esse meio seria equivalente, se não superior, ao dano causado ao inimigo. Com uma ogiva atômica, contudo, o custo do veículo deixa de ser excessivo, e mesmo os gastos com os mais sofisticados equipamentos de orientação e controle não tornariam o produto final ineficiente, uma vez que o efeito destrutivo superaria por um grande fator seu custo total.

O problema da defesa contra os V-2 ficou sem solução durante a guerra e, embora a interceptação por foguetes lançados do solo seja teoricamente possível, as dificuldades práticas levariam anos para serem superadas. O foguete acoplado e outros aperfeiçoamentos ofensivos, por outro lado, poderiam ser desenvolvidos num prazo muito mais curto.

A propulsão a jato é outro indicador dos rumos futuros. As limitações impostas pelas hélices serão assim eliminadas, e os tetos de velocidade e altitude serão elevados para os aviões convencionais e seus avanços futuros. As limitações mais graves no desempenho das aeronaves resultam do fenômeno da compressibilidade, que ocorre quando a velocidade se aproxima à do som, o que, em parte, é responsável pelo fato de a elevação da curva de velocidade (Figura 1) ser menos impressionante que a elevação das outras curvas. Agora que as aeronaves de propulsão a jato se tornaram uma realidade, a velocidade do som já não se apresenta como um limite intransponível, e acredita-se que aeronaves com velocidades supersônicas, voando a altitudes estratosféricas, venham a se tornar realidade dentro de alguns anos. Armas não-pilotadas baseadas em aeronaves desse tipo apresentam potencialidades no mínimo comparáveis aos avanços do V-2.

Exigências futuras

Contra esse futuro onde as armas do poderio aéreo terão alcance, velocidade e destrutividade cada vez maiores, é pouco provável que medidas puramente defensivas possam oferecer proteção suficiente. Nossa defesa terá que ser contra-ofensiva. Temos que estar preparados para atacar na mesma medida em que formos atingidos, ou mesmo com força ainda maior. Se, algum dia, nos virmos confrontados com um agressor capaz de destruir nossa máquina industrial sem que a dele seja por sua vez destruída, nossa derrota será certa. Assim, nossa primeira defesa é a capacidade de retaliar, mesmo após receber o golpe mais duro que o inimigo for capaz de desferir. Isso significa que temos que possuir armas em número suficiente e estrategicamente distribuídas, de forma que nenhum inimigo esteja mais bem situado para atacar nossa indústria do que nós para atacar a dele.

Esse cenário de defesa através de contra-ataque é sombrio. Uma proteção muito melhor contra as armas atômicas consiste no desenvolvimento de controles e salvaguardas fortes o suficiente para evitar que essas armas venham a ser usadas por qualquer dos lados envolvidos, uma vez que essa é a única esperança de preservar os valores de nossa civilização. Mesmo assim, é meu dever, aqui, esboçar como deve ser a política aeronáutica dos Estados Unidos na ausência desses controles – um dever amargo para qualquer americano que ame a paz.

Nossas contramedidas no sentido de prever e impedir os golpes de um agressor, na medida em que esses golpes forem possíveis, têm que ser desenvolvidas ao máximo. Uma vez que, num futuro próximo, o poderio aéreo ofensivo irá superar as defesas e tornar-se capaz de praticamente qualquer grau de destruição, a nação que primeiro desenvolver meios de proteger a si própria será a que primeiro terá condições de iniciar uma guerra atômica sem, simultaneamente, desencadear sua própria destruição. Por essa razão, temos que assegurar que nenhum agressor em potencial venha a nos ultrapassar em termos de avanços defensivos. E isso significa, num futuro próximo, bases estratégicas para alertas, detecção e interceptação de bombardeiros e, mais adiante, para armas não-pilotadas.

Nossa principal defesa passiva consiste na dispersão ou na instalação subterrânea das indústrias bélicas essenciais. Atualmente, com nossas indústrias intactas após a guerra, somos o país que apresenta o menor grau de dispersão entre todas as grandes nações do mundo. Nos demais países, esta já ocorreu em resultado da guerra ou será incorporada na reconstrução dos parques industriais destruídos. Vale distinguir entre dois tipos de dispersão. Um deles é exigido para evitar a desorganização fatal que resultaria da detonação de um pequeno número de minas atômicas posicionadas com precisão. Essa meta teria que ser atingida bem antes do início das hostilidades abertas. O outro tipo consiste em uma dispersão suficiente para nos permitir contra-atacar qualquer nação que ouse dirigir um ataque agressivo contra nós. Em um mundo onde as armas atômicas estão disponíveis, o programa mais radical a ser adotado por uma nação seria a dispersão e a fortificação *gerais*. Caso essas atividades sejam iniciadas, o mundo assistirá à maior corrida de escavação de todos os tempos – e à maior de todas as guerras.

No entanto, não apenas temos que nos preparar para lutar uma guerra atômica, mas – por mais estranho que pareça de início – temos também que nos preparar para lutar uma guerra em que nenhuma cidade venha a sofrer a explosão de uma bomba atômica.

A possibilidade de uma guerra futura, em que a destruição atômica das cidades não venha a ocorrer, baseia-se na crença de que o enorme poder de devastação dessas armas fará com que sejam abominadas a tal ponto que ninguém se disporá a fazer uso delas. Nunca, no passado, uma arma de guerra eficaz ficou muito tempo sem uso e, de fato, a bomba atômica foi usada para destruir o Japão.

Mas, no passado, a destruição por forças terrestres se dava, em grande medida, em uma única direção, e qualquer dos lados que estivesse em situação de domínio tinha condições de destruir sem risco de retaliação. Já com os explosivos atômicos, a expectativa de destruição fácil, aliada ao fato de virem acoplados a armas aéreas como foguetes, impedindo assim qualquer defesa eficaz, significa que, no futuro, o agressor que venha a destruir as cidades de seu inimigo pode esperar que as suas próprias sejam destruídas. É possível que nenhum dos lados se disponha a fazer o primeiro disparo atômico, trazendo destruição a suas próprias cidades e à sua própria população, e não apenas às do inimigo. Além disso, uma nação que planeje uma guerra de agressão com o objetivo de enriquecer às custas da riqueza industrial e econômica de seu adversário pode preferir não usar bombardeios atômicos para evitar destruir os bens que ela planeja saquear.

Há precedentes históricos de contenção da destruição em situações de guerra. O caso do gás, na Europa, é um exemplo. Nenhum dos lados o usou, e a razão para tal, no caso da Alemanha, foi, pelo menos em parte, que aquele país não desejava ver essa arma sendo usada contra ele próprio. Outros exemplos de não-destruição, embora de natureza um pouco diferente, ocorreram nas cidades abertas de Paris e Roma. Um caso semelhante é o da Suíça. Embora não pertencendo ao Eixo, a Suíça não sofreu ataques devido, entre outras razões, à sua capacidade de retaliar com a destruição de seus túneis ferroviários estratégicos, o que teria colocado grandes obstáculos ao fluxo de materiais como o carvão entre a Itália e a Alemanha.

Os argumentos citados acima não têm a intenção de nos consolar com a idéia de que se todas as nações possuíssem armas atômicas, nenhuma as usaria por medo de retaliação. Tudo o que esses argumentos mostram é que há a *possibilidade* de um impasse com relação à destruição de cidades por bombas atômicas. A prontidão defensiva, embora tendo que ser construída com base em armas atômicas, *não pode*, portanto, ser construída *apenas* com base nelas. A devida atenção deve ser dada às outras forças de terra, mar e ar. Uma outra razão para preservar o equilíbrio dos programas militares é que, após uma grande destruição atômica ter sido concretizada, a guerra pode não estar resolvida, e é bem possível que o conflito prossiga com o uso de armas não atômicas.

Vale observar que a guerra biológica, que consiste na disseminação de doenças, pode vir a ocupar uma posição semelhante à guerra atômica, e que os mesmos argumentos se aplicariam a ela.

Para que a Força Aérea possa futuramente desempenhar sua missão, será necessário:

1. Uma Força Aérea atualizada, contando com pessoal treinado e equipada com as armas de poderio aéreo mais avançadas e eficientes, diferentes das armas atômicas, diferentes dos explosivos atômicos. Nossa contra-ofensiva tem que ser levada a cabo por uma força na ativa – e não por uma força que precise de dias ou semanas para ser mobilizada.

2. Um serviço de inteligência amplo e eficiente, que torne disponíveis, com a máxima antecedência, alertas sobre a deterioração das relações ou sobre a iminência de um ataque.

3. Pesquisa e desenvolvimento capazes de fazer com que tenhamos os equipamentos mais avançados de todo o mundo. Quanto a isso, grande cautela deve ser observada para que não impossibilitemos o próprio objetivo que tentamos alcançar, imobilizando nossos cientistas com regulamentações de segurança, tornando-os assim menos capazes de lidar com emergências futuras.

4. Um setor industrial forte e capaz de expansão rápida para a produção bélica.

5. Uma organização integrada de defesa nacional, ajustada aos novos conceitos de guerra total.
6. Bases estratégicas.

Na análise acima, assumi o ponto de vista que sou obrigado a ter – o de que controles e salvaguardas internacionais não foram ainda criados em grau suficiente, e que as Forças Aéreas, portanto, têm que estar preparadas para proteger a nação numa guerra futura. O quão terrível essa guerra viria a ser é indicado por uma estimativa factual do significado dos explosivos atômicos em comparação com os materiais mais mortíferos inventados anteriormente pelos homens. Mencionei as possibilidades que talvez levassem os agressores a se decidirem por não usar bombas atômicas numa hipotética guerra futura. Permitam-me repetir que, embora sendo muito menos econômicas e eficientes, as bombas convencionais que serão desenvolvidas antes do início dessa futura guerra serão mais que suficientes para devastar o mundo. Assim, quer reconheçamos que bombas atômicas choverão sobre nós, ou nos agarremos à tênue esperança de que apenas altos explosivos comuns irão castigar nossas cidades, temos que nos dar conta de que é chegada a hora de os povos do mundo admitirem que seu poderio bélico se tornou grande demais para ser continuado. Através da colaboração internacional, temos que pôr um fim definitivo às guerras.

7
NÃO HÁ DEFESA

Louis N. Ridenour

LOUIS N. RIDENOUR foi responsável pelo desenvolvimento de vários tipos de radar no Laboratório de Radiação do Massachusetts Institute of Technology. Em 1944 serviu na Europa como consultor para radares do general Spaatz. No presente ano retornará à Universidade da Pensilvânia como professor de Física.

O assunto deste capítulo é a possibilidade de defesa ativa contra um ataque em que bombas atômicas sejam lançadas por meios tais como os descritos no último capítulo. A título de introdução, eu gostaria de projetar para o futuro o que aprendemos sobre defesa aérea ativa na guerra que acabou de terminar.

Precisamos, em primeiro lugar, perguntar se é realmente necessário abater as bombas em vôo a fim de torná-las inoperantes. Não haveria uma contramedida específica, capaz de impedir a bomba de explodir, ou de fazer com que ela explodisse de forma inofensiva a uma grande distância de seu alvo? Muitas autoridades e semi-autoridades, incluindo a Comissão de Assuntos Navais da Câmara, já fizeram declarações públicas que alimentam essa esperança.

Todas essas declarações são muito perigosas porque podem engendrar uma complacência equivocada. Não existem contramedidas específicas contra um explosivo atômico ou uma bomba atômica. Aliás, não existem contramedidas contra um explosivo químico tradicional, como o TNT ou a pólvora negra. Todos os explosivos, inclusive os atômicos, explodem quando o seu mecanismo de detonação é acionado, e esses mecanismos são fabricados para serem simples e à prova de sabotagem. Esse fato já foi deixado sobejamente claro por especialistas sensatos e responsáveis, mas nunca é demais repeti-lo.

Muitas dessas declarações enganosas sobre contramedidas possíveis foram feitas por homens honestos que não têm qualquer intenção de enganar. Enganados eles próprios, sua compreensão do problema é incompleta. Seu raciocínio é mais ou menos o seguinte: supõe-se que o detonador da bomba, o mecanismo de controle do veículo que a transporta, ou algum outro dispositivo vital associado à bomba tenham uma determinada forma. É então inventado um meio de interferir com o funcionamento desse dispositivo. O inventor da contramedida se esquece por completo de que, caso o inimigo não use para o dispositivo uma forma exatamente igual à imaginada, sua idéia será inútil.

Um exemplo específico pode expressar esse fato com mais clareza. Como já anunciado, as bombas atômicas lançadas sobre o Japão foram detonadas a cerca de 450 metros de altura. O fusível podia estar conectado ou a um interruptor barométrico programado para se fechar à pressão atmosférica correspondente à altitude desejada, ou a um altímetro de radar. Este último dispositivo mede a altitude enviando ondas de rádio e medindo o lapso de tempo decorrido até que elas se reflitam de volta a partir do solo ou do mar. Se um inimigo hipotético usasse contra nós bombas equipadas com um altímetro de radar, *talvez* fôssemos capazes de enviar sinais de rádio que causariam interferência e fariam a bomba disparar a uma altitude maior que a pretendida por seus projetistas.

Seria impossível fazer a bomba explodir ainda no interior do veículo, ou a uma altitude muito mais alta que aquela para a qual o altímetro foi regulado, uma vez que maior atenção é dada pelos especialistas em artilharia a dispositivos de armação de bomba cujo objetivo é evitar que isso aconteça. Esses dispositivos mantêm as bombas e os projéteis em condição segura, com seu mecanismo de disparo inteiramente inoperante, até que um intervalo de tempo considerável tenha decorrido após as bombas terem sido lançadas do avião-portador, ou o projétil ter sido disparado da arma de fogo. Projetados principalmente para tornar seguro o manuseio das bombas e dos projéteis, tornando-os menos perigosos para os atiradores ou para a tripulação aérea incumbida de lançá-los, os dispositivos de armação servem também para frustrar as tentativas de provocar explosões prematuras e ineficazes.

Mais importante que o fato de uma contramedida dirigida contra o altímetro do radar poder ter, no máximo, um êxito parcial – uma vez que a bomba explodiria a uma altitude ainda capaz de provocar danos – é a forte possibilidade de o inimigo ser obstinado ao ponto de conseguir frustrar por completo nossa contramedida. Caso ele use um altímetro barométrico ao invés de um altímetro de radar, não há nada que possamos fazer.

Hábitos de pensamentos simples e diretos resultam em projetos de armamentos que deixam pouco espaço para contramedidas. A bomba voadora V-1 é um bom exemplo de uma arma que não se prestava a contramedidas de qualquer espécie, exceto a interceptação direta, e a V-2, um exemplo ainda melhor. A V-1 era dirigida, após o lançamento, por uma bússola magnética, sendo mantida à altitude desejada, durante o vôo, por um altímetro barométrico. O míssil possuía um piloto automático dotado de meios de fazê-lo executar uma curva suave após o lançamento, se necessário, mas o piloto automático era um dispositivo de giro simples e robusto, e o mecanismo de curva funcionava com um mecanismo de relógio. Fragmentos de equipamento de rádio foram encontrados em alguns dos destroços de V-1, alimentando esperanças de que os alemães usassem controles de rádio, nos quais as contramedidas britânicas poderiam causar interferência. Isso não era verdade. Os fragmentos de rádio vinham de transmissores simples que os alemães colocavam em um pequeno número de bombas para que as estações de detecção de trajetória por rádio situadas ao longo da costa do Canal da Mancha pudessem plotar as rotas e, desse modo, manterem-se informadas sobre as condições de vento sobre a Inglaterra.

Falou-se em colocar uma grande bobina magnética sobre os Downs, na costa inglesa, que produziria mudanças no campo magnético da Terra suficientes para afetar a bússola magnética do V-1, defletindo assim o míssil de seu objetivo. Os cálculos vieram a mostrar que seria impossível produzir um campo suficientemente forte e, de qualquer modo, os obstinados alemães haviam projetado os V-1 de tal forma que mesmo uma violenta deflexão da bússola não faria mais que provocar um suave desvio. Não havia nada a fazer além de abater os V-1 da forma antiga, com atiradores e canhões antiaéreos.

A amarga decepção que esse fato causou nos especialistas em contramedidas não foi nada perto da consternação despertada pelas propriedades do V-2. Nossas primeiras informações detalhadas sobre o V-2 vieram dos fragmentos de um teste de lançamento que caiu na Suécia. Os destroços, bastante preservados, forneceram uma boa quantidade de equipamentos de rádio, o que despertou esperanças de que o V-2 fosse controlado por rádio, já que os aviões de combate e as defesas antiaéreas usadas antes contra o V-1 eram tão eficazes contra os V-2 quanto falcões treinados ou arco e flechas. Os controles por rádio, que abririam espaço para interferências e contramedidas, pareciam ser a única solução.

Pouco depois, os V-2 começaram a atingir Londres. Os homens das contramedidas gastaram um bom tempo em vôos arriscados e desagradáveis sobre os arredores dos locais de lançamento, na esperança de captar, identificar e estudar sinais de rádio-controle, com a intenção de causar interferência nos mísseis. Mas não havia rádio-controle; os alemães estavam apenas lançando os V-2 contra os alvos e torcendo para dar certo. A única contramedida possível era ganhar a guerra, o que, felizmente, veio a acontecer. Mas, caso as armas V possuíssem ogivas atômicas, não teria havido tempo para isso.

A imaginação do público é facilmente atraída por coisas como raios ou fluxos de energia que, como nas histórias em quadrinhos, seriam capazes de destruir um míssil a uma distância significativa de seu alvo. Um cálculo simples mostra que a destruição de um simples míssil por esses meios esgotaria toda a energia elétrica da região do país onde a instalação se localizasse. Essas graves questões práticas sobre a viabilidade de usar meios como esses para lidar com um único projétil são inteiramente eclipsadas pela impossibilidade óbvia de usá-los para enfrentar os bombardeios maciços que podemos esperar de um possível agressor.

Após meio século lidando com explosivos químicos, ninguém ainda descobriu uma maneira de detoná-los por meio de um raio ou de algum outro dispositivo que funcione sem fios e à distância. Continua sendo altamente improvável que essa descoberta venha a ser feita para os explosivos atômicos.

Com base em tudo o que sabemos sobre a bomba atômica, não existe uma contramedida específica.

Vemo-nos então confrontados com o problema de montar uma defesa ativa contra os aviões portadores dessas bombas. Temos que detectá-los e acompanhar sua trajetória por radar, plotar suas rotas futuras com prognosticadores e atacá-los com artilharia anti-mísseis antes de eles se aproximarem de seus alvos o suficiente para se tornarem perigosos. Quais as nossas chances de montar uma defesa ativa capaz de oferecer proteção contra um ataque atômico que pode acontecer sem aviso prévio?

Nossas chances de consegui-lo são cada vez menores. Para entender por que, temos que examinar a natureza das defesas, até onde somos capazes de prevê-las com base em nossa experiência na guerra passada e em nosso conhecimento sobre os avanços técnicos posteriores, que não foram concluídos a tempo de serem usados na guerra. O problema se subdivide em quatro partes principais: detecção, identificação, previsão de rota e interceptação.

A detecção certamente será feita por radar, uma vez que não existe outro instrumento capaz de operar continuamente, em todas as condições de visibilidade. O melhor radar de busca que possuíamos nos dias finais da guerra conseguia ver um único bombardeiro pesado a uma distância de cerca de 320 quilômetros e cobria uma região do espaço que se estendia a uma altitude de doze mil metros. Equipamentos de radar para a defesa atômica terão que fornecer uma cobertura que abranja todo o hemisfério superior, uma vez que será necessário detectar os projéteis de alto ângulo lançados pelo foguete V-2. Da mesma forma, não será suficiente instalar radares somente ao longo das costas e das fronteiras de nosso país. Teremos que defender Saint Louis com instalações de radar situadas nas proximidades dessa cidade, pois, sem elas, a trajetória em arco de um foguete de longo alcance poderia fazê-lo atravessar a fronteira a uma altitude de centenas de quilômetros – onde seria extremamente difícil, se não impossível, captá-lo – e guiá-lo, sem que fosse detectado, em sua rota descendente em direção a seu alvo no interior do país.

As técnicas atuais possibilitam um alcance de detecção por radar de cerca de 320 quilômetros para um míssil das dimensões do V-2, embora a forma aerodinâmica supersônica desse veículo dificulte essa captação. Uma cobertura suficiente, capaz de oferecer condições de detecção adequada, provavelmente exigiria a operação de cerca de 250 instalações de radar de busca de longo alcance, funcionando dia e noite, ininterruptamente. Cada instalação talvez precisasse de cinco radares separados para permitir tempo de manutenção fora do ar e oferecer uma cobertura hemisférica adequada. A equipe de cada instalação seria de cerca de duzentos homens, e o custo dos equipamentos de uma única instalação seria de cerca de 1,5 milhões de dólares. Teríamos assim que gastar mais de 375 milhões de dólares na construção dessas instalações e empregar cerca de cinqüenta mil homens para operá-las. Caso isso viesse a acontecer, seríamos capazes de detectar aeronaves e mísseis aéreos com um grau considerável de confiabilidade.

Na verdade, nossa maior dificuldade seria então o risco de pecar por excesso, uma vez que os radares detectam amigos e inimigos sem distinção. Na guerra que acabou de findar, um feixe de radar especial, que enviava uma resposta em código a um pedido de senha, foi planejado para ser usado em todos os navios e em todas as aeronaves da Nações Unidas. Esse equipamento tinha o nome de IFF (*Identification of Friend and Foe*), ou Identificação de Amigos e Inimigos, e foi um retumbante fracasso operacional. No Teatro Europeu, ele causou tantas dificuldades que seu uso foi totalmente abandonado após o dia D na Normandia, exceto num pequeno número de aviões em missões especiais. No Pacífico, onde as densidades de tráfego aéreo eram mais baixas, o IFF continuou sendo usado, mas, nos momentos em que mais se precisou dele, o equipamento não cumpriu a função a que se destinava. No tempo da guerra, os principais problemas com os IFF surgiram em condições de tráfego pesado, quando havia um grande número de aviões no campo de visão de um único aparelho de radar.

Em nossas defesas futuras teremos que complementar nossas buscas por radar e nossa cadeia de alarmes com um sistema IFF que funcione até mesmo em densidades de tráfego maiores, que seja de uso rápido e confiável e que, inerentemente, não esteja sujeito a comprometimento por um possível inimigo. Essa última exigência apresenta enormes dificuldades, uma vez que o sistema teria que ser de uso tão universal que todos os inimigos potenciais teriam amplas oportunidades de se familiarizar com seus princípios, com os detalhes de seu projeto e com o uso a ser feito dele. Apesar de tudo isso, o IFF tem que ser capaz de distinguir entre aeronaves amigas e inimigas.

A restrição do tráfego a determinadas faixas, e a regulamentação desse tráfico dentro delas, sem dúvida ajudará as estações de radar a acompanhar as atividades aéreas. Mas, mesmo com todos os dispositivos de identificação que a engenhosidade possa produzir, o tráfego aéreo futuro provavelmente será tão denso que a identificação será um grande problema.

Mesmo assim, admitamos que um enorme investimento nacional em instalações de radar e em equipamentos IFF nos dará alguma chance de detectar mísseis atômicos quando eles ainda estiverem a uma distância de cerca de 150 ou trezentos quilômetros de seu alvo, e de reconhecer esses mísseis como inimigos. Temos agora que enfrentar o problema de como destruí-los antes que eles cheguem a uma distância perigosamente próxima de seu alvo. Na defesa aérea da última guerra, isso foi feito com o uso de aviões de caça pilotados ou de baterias antiaéreas. Em ambos os casos, essa interceptação de aviões inimigos era precedida por uma previsão de rota que tomava as informações sobre sua trajetória passada como base para o cálculo de sua trajetória futura esperada. Essa previsão de rota era efetuada, para a artilharia antiaérea, por um computador elétrico localizado na bateria de canhões. Para o avião de combate, ela era efetuada ou pelo próprio piloto, caso a visibilidade o permitisse, ou por um controlador no solo, que acompanhava as plotagens de radar tanto dos aviões inimigos como dos aviões amigos.

Como o dispositivo usado para previsão de rota depende fundamentalmente do dispositivo usado para a interceptação, é conveniente examinar em conjunto os dois problemas de previsão de rota e de interceptação. Que tipo de veículo será usado como interceptador defensivo? Parece certo que não será um avião pilotado nem a artilharia antiaérea convencional, pois ambos já estavam obsoletos nos tempos finais da última guerra.

Foi o piloto, e não o avião, que tornou obsoleto o avião de combate pilotado. À medida que as velocidades dos aviões aumentavam, a manobrabilidade – necessária para fazer face à ação evasiva do alvo, ou para ajustes de pontaria de último segundo – diminuiu, pois a aceleração permissível numa curva é limitada pela cegueira temporária do piloto em altas acelerações. Em curvas tão fechadas que o piloto fica sujeito a uma força centrífuga de mais de 6g – seis vezes a força da gravidade na superfície da Terra –, sua visão se embaça e ele pode chegar a perder consciência. Curvas ainda mais fechadas podem provocar rompimento de vasos sanguíneos, descolamento de órgãos internos e morte. E, é claro, a geografia coberta no curso de uma simples manobra de um avião em alta velocidade é imensa.

Veículos não pilotados podem ser construídos para fazer curvas de ângulo arbitrário a qualquer velocidade. É necessário apenas que a estrutura seja forte o suficiente para que a aceleração não provoque seu rompimento, e que haja uma boa provisão de força de controle. Em velocidades próximas à do som, há certas limitações aerodinâmicas que não são aqui levadas em conta, uma vez que essas dificuldades surgem até mesmo em situações de vôo horizontal em velocidades muito altas. O que é importante para nosso argumento é que as limitações colocadas pelo corpo humano à manobrabilidade de um interceptador de alta velocidade são tão severas que nossa expectativa de altas velocidades nos veículos de ataque exigirão interceptadores não pilotados.

O tipo mais simples de interceptador não pilotado é o projétil de artilharia, que, entretanto, tornou-se obsoleto pela mesma razão que os aviões pilotados tornaram-se obsoletos – as velocidades dos veículos-alvo são hoje altas demais. Os aviões de combate pilotados não conseguem fazer curvas fechadas em altas velocidades; a artilharia antiaérea não consegue fazer curvas de espécie alguma. A eficácia dos mísseis depende de nossa capacidade de levá-los o mais rapidamente possível do canhão ao alvo, de forma a que nossa previsão da localização do alvo no momento da chegada do míssil não seja frustrada por manobras inesperadas do alvo durante o tempo de vôo do míssil.

Os notáveis prognosticadores elétricos usados por nossas defesas antiaéreas para calcular a posição futura de um alvo com base em sua trajetória e velocidades passadas eram e continuam a ser sujeitos a diversas limitações graves. Primeiramente, eles partem da suposição de que o vôo se dê em linha reta. Em segundo lugar, nenhum computador, por mais engenhoso que seja, é capaz de prever uma manobra do alvo executada durante o vôo do míssil.

Mas se um alvo se deslocando a oitocentos quilômetros por hora der início a uma curva de 6g no momento do lançamento do míssil (talvez em resposta ao clarão do disparo), é possível que ele esteja a 23 quilômetros da posição prevista e indo na direção oposta, caso o tempo de vôo do míssil seja de apenas treze segundos. Um alvo mais rápido ou capaz de ação evasiva a valores maiores de aceleração teria uma facilidade correspondentemente maior de escapar ao fogo apontado contra ele. A solução para essa dificuldade reside, claramente, na redução do tempo de vôo do míssil, o que dependerá de sua distância do alvo e de sua velocidade. Mas mesmo com canhões feitos dos metais mais fortes que hoje possuímos, a velocidade de partida não é maior que alguns milhares de pés por segundo. E o raio de perigo de uma bomba atômica é tão grande, que uma bateria antiaérea *tem necessariamente* que atacar e destruir seu alvo a uma grande distância para ser capaz de proteger a área vital que ela é incumbida de guardar, e para que a própria bateria antiaérea não se destrua com seu primeiro disparo certeiro.

Além do fato de a ação evasiva e as crescentes velocidades do alvo limitarem a eficácia do fogo antiaéreo, temos que levar em conta a inexatidão inerente ao fogo de artilharia, mesmo sob as melhores condições. Erros podem ocorrer em razão de o alvo não estar sendo seguido de forma precisa pelo radar de controle de fogo, ou porque o alvo não foi acompanhado por um período de tempo suficiente para possibilitar uma previsão exata de seu curso futuro, ou porque o computador, em suas previsões, comete erros ou faz aproximações, ou ainda por outras razões. Para nossos fins, é suficiente observar que, na Segunda Guerra Mundial, o fogo antiaéreo vinha operando no limite da faixa onde o fogo apontado não conseguia acertar o alvo sem uma boa medida de sorte, situação essa que o V-2 só fez exacerbar. Não será útil detonar nem mesmo a melhor artilharia antiaérea imaginável contra mísseis que talvez sejam os primeiros arautos de uma nova guerra atômica.

Tendo em vista a obsolescência do avião de defesa pilotado e da artilharia antiaérea, é bastante provável que nossos projetistas militares venham a desenvolver um veículo capaz de ser lançado em alta velocidade de acordo com a posição prevista de um alvo (como um míssil) e que tenha força motora, controles de vôo e um mecanismo de busca de alvo (como um avião de combate pilotado). Tudo isso pode ser feito. É possível conceber um míssil que possa ser disparado de uma espécie de canhão, propelido por uma carga de foguete, por exemplo, durante o estágio posterior do vôo, e direcionado a seu alvo por radar ou por outros meios de busca de alvo. Não há dúvida de que um grande esforço intelectual e muito trabalho estão sendo dedicados, neste exato momento, ao projeto de mísseis como esses.

O fusível de proximidade, que faz detonar um míssil antiaéreo quando este se aproxima o suficiente de seu alvo para ser capaz de destruí-lo, já existe. Talvez uma ogiva atômica venha também a ser usada nos novos mísseis defensivos, de forma a aumentar seu raio de eficácia.

Isso completa o quadro de nossas defesas ativas possíveis. Teremos que despender muito dinheiro e esforço no projeto e na instalação de uma cadeia de radares de busca e alerta, mas suponhamos que o equipamento resultante conseguisse de fato buscar e alertar. Teríamos que ser muito hábeis em nossos projetos de equipamento de identificação, supondo ainda que medidas corretas de controle de tráfego nos permitissem distinguir aeronaves pacíficas de mísseis enviados por um possível inimigo. Teríamos que aplicar muita engenhosidade e muito esforço no projeto de fazer com que mísseis-foguete lançados por artilharia antiaérea atinjam seu alvo. Suponhamos que seremos capazes de fazer todas essas coisas. Muitas delas estão hoje além de nossa capacidade, e ninguém sabe afirmar com certeza se, algum dia, viremos a ser capazes de fazer tudo o que seria necessário fazer. Mas, *caso* venhamos a sê-lo, o presente capítulo ainda assim teria que ser intitulado *Não há defesa?*

Com base no que foi dito até agora, essa pergunta é perfeitamente pertinente, e há uma boa resposta para ela. A resposta é que uma guerra, ou mesmo uma nova fase de uma guerra já em curso, *sempre* começa com um ataque semelhante ao de Pearl Harbor. Numa guerra que use explosivos tradicionais, chamamos de desastre ao que ocorreu enquanto levantávamos nossa guarda, mas conseguimos sobreviver e fomos ao combate. Numa guerra atômica, o primeiro ataque, independentemente de o quanto estejamos preparados para ele, será *realmente* um desastre. É bem possível que esse primeiro ataque venha a pôr fim à guerra, caso nosso inimigo seja prático, engenhoso e determinado.

É possível ir mais longe e afirmar que nenhuma defesa contra qualquer tipo de ataque aéreo jamais atingiu um sucesso de 100% em qualquer estágio da experiência, mas isso seria algo redundante, se estivermos convencidos, com base num exame do passado, de que um primeiro ataque sempre é bem-sucedido em termos de seu efeito-surpresa.

O ataque a Pearl Harbor, além de ter dado seu nome ao fenômeno de um despreparo que vem a custar caro, é um bom exemplo. Mesmo o primitivo equipamento de radar instalado para a defesa da ilha foi capaz de dar um alerta que teria sido suficiente para iniciar os preparativos de uma defesa vigorosa caso as tropas defensoras estivessem vigilantes. Ninguém queria tanto estar vigilante e evitar um fiasco quanto os comandantes do exército e da marinha que serviam em Pearl Harbor, uma vez que esse fiasco significaria arruinar suas carreiras numa única manhã e para sempre, como de fato veio a acontecer. Esse homens, simplesmente, foram vítimas do princípio que diz que a defesa nunca pode estar ininterruptamente alerta em todos os pontos, e que o agressor sempre pode escolher o lugar e a hora do ataque.

Mesmo quando um alerta é dado, a situação permanece mais ou menos a mesma. No início do inverno de 1943-1944, os britânicos tinham pleno conhecimento de que os alemães estavam se preparando para atacar Londres com os V-1. Detinham boas informações sobre a construção e as características desses mísseis, e haviam estudado cuidadosamente todas as possibilidades. No entanto, quando as bombas voadoras começaram a cair, em julho de 1944, os britânicos nem de longe estavam preparados para enfrentá-las. Nos primeiros dias dos ataques, mais de 35% dos V-1 lançados pelos alemães atingiram Londres. Oito semanas depois, com as baterias de canhões esgotadas, apenas 9% dos V-1 lançados conseguiam atingir a cidade. Numa guerra atômica, mesmo esses 9% seriam fatais a Londres em menos de um único dia, mas é sobre os 35% que devemos refletir.

À época em que empregamos nossas defesas antiaéreas para proteger Antuérpia dos ataques dos V-1, sabíamos tudo sobre a "bomba de zumbido". Conhecíamos a melhor disposição para as baterias e o melhor plano para operá-las. Os atiradores tinham experiência na defesa de Londres, e sabiam o que teriam que enfrentar. No entanto, a eficiência inicial da defesa de Antuérpia foi de apenas 57%. No decorrer das duas semanas seguintes, ela chegou a mais de 90%.

Ao longo de toda a guerra recentemente finda, ocorreram casos desse mesmo fenômeno de ineficiência da defesa inicial. Quando os alemães deram início a seus ataques à luz do dia sobre a Inglaterra, em 1940, a RAF teve que organizar sua defesa, que, a princípio, foi bastante ineficiente. Mas as defesas da RAF logo se tornaram tão eficientes que os alemães passaram a bombardear à noite, mas não antes de danos consideráveis terem sido infligidos à Inglaterra. A técnica de controle de solo da interceptação noturna de bombardeiros foi rapidamente planejada pela RAF, as perdas alemãs nos bombardeios noturnos começaram a aumentar e, logo em seguida, se tornaram tão proibitivas que a Luftwaffe desistiu – mas, aqui também, danos consideráveis foram sofridos pela Inglaterra. Numa guerra atômica, ambas as campanhas lançadas pela Luftwaffe e rapidamente enfrentadas e dominadas pela RAF, como de fato o foram, teriam arrasado a Inglaterra.

Podemos resumir a situação relativa a defesas ativas contra bombas atômicas lançadas do ar nos seguintes termos:

1. Não existe uma contramedida específica que venha a evitar a explosão de uma bomba atômica, ou que a faça explodir ainda a grande distância de seu alvo.
2. Uma rede de detecção por radar capaz, em princípio, de alertar sobre a aproximação de bombas atômicas pelo ar é tecnicamente possível. Ela implicaria um tremendo investimento nacional e exigiria grandes contingentes de mão-de-obra.
3. A maior dificuldade ligada à detecção por radar de mísseis dirigidos contra nós numa futura guerra atômica seria a de separar os sinais de radar produzidos por esses objetos daqueles causados por tráfego aéreo normal e por aeronaves amigas. Isso exige o desenvolvimento de um sistema de identificação de eficácia e sutileza sem precedentes, aliado à imposição de regras rígidas de controle de tráfego.
4. A interceptação de mísseis usados para o lançamento de bombas atômicas, que provavelmente viajam a velocidades supersônicas, exigirão avanços totalmente novos. Serão necessários dispositivos de interceptação capazes dessas velocidade e também de buscar e atingir seus alvos. Esses dispositivos de interceptação podem ser desenvolvidos, mas exigirão esforços consideráveis e investimentos tremendos. Aviões de guerra pilotados e artilharia antiaérea convencional serão totalmente inúteis.

5. Independentemente de nosso estado de prontidão para um ataque de bombas atômicas, é provável que a eficiência inicial de nossas defesas venha a ser pequena. A defesa tem que estar em permanente alerta em todos os pontos, pois não há como prever quando e onde o ataque irá ocorrer. O treinamento de pessoal em tempos de paz não substitui o treinamento em tempos de guerra, quando as coisas ficam realmente difíceis. Nunca conseguimos antecipar a exata natureza do ataque real, nem tampouco a estratégia mais conveniente para enfrentá-lo.

6. No caso de um ataque por bomba atômica não conseguir devastar seu alvo nos primeiros dias de defesa de baixa eficiência, a eficiência máxima que pode ser esperada das defesas ativas, quando os defensores são experientes, é de cerca de 90%. Nos ataques efetuados por bombardeiros pilotados, essa eficiência é mortífera, e seria uma defesa eficaz. Nos ataques usando explosivos químicos convencionais, mesmo com mísseis não-pilotados, essa eficiência levantaria a séria questão de se seria economicamente sensato para o inimigo dar continuidade a seus ataques. Com os explosivos atômicos, uma eficiência de 90% é decididamente baixa demais para permitir uma proteção adequada. O efeito destrutivo dos 10% de mísseis que conseguem penetrar as defesas seria grave o bastante para arrasar o alvo, mesmo que o ataque fosse de escala modesta.

7. Não há defesa.

8
AS NOVAS TÉCNICAS DA GUERRA PRIVADA

E. U. Condon

E. U. CONDON, nascido em Alamogordo, no Novo México, foi diretor-adjunto do Westinghouse Research Laboratory de 1933 a 1945, sendo hoje diretor do National Bureau of Standards, e também consultor da Comissão Atômica do Senado. Ele participou de diversas comissões sobre o urânio, entre 1941 e 1943.

O porto da Baixa Nova York tremeu naquele dia de 1916. Alguns vagões e uma balsa carregados com TNT e ácido pícrico, a caminho dos exércitos do czar de todas as Rússias, havia explodido. A explosão Black Tom foi típica de uma série de episódios de sabotagem bem-sucedida, um protótipo dessa furtiva tática da guerra total. Agentes do governo alemão haviam detonado o carregamento de altos explosivos ocultando pequenas bombas-relógio nos vagões carregados. O mal equipado exército russo havia sofrido uma cara derrota nas mãos de um punhado de homens cuidadosos e determinados.

Em Rjukan, Noruega, a energia hidrelétrica mais barata de todo o mundo incentiva a produção de hidrogênio por meio da eletrólise da água, e os resíduos das pilhas eletrolíticas da grande usina de Rjukan, conseqüentemente, são ricos em deutério. O tratamento desses resíduos fornece água pesada pura, que pode servir para a produção de plutônio. Quando os nazistas começaram esse tratamento dos resíduos, os britânicos – apreensivos, e com razão, de a bomba atômica vir a cair nas mãos do Eixo – entraram em contato com a resistência clandestina norueguesa. O Governo de Sua Majestade armou e apoiou os sabotadores em seu espetacular ataque à usina de água pesada. A estrutura e a função da usina eram tão especiais, e as necessidades de sua localização tão restritivas, que a destruição dessa única usina reduziria gravemente as instalações alemãs destinadas à fabricação de água pesada e, conseqüentemente, de plutônio e de bombas atômicas.

Esses dois exemplos demonstram o princípio fundamental de todos os grandes atos de sabotagem executados em tempos de guerra. O sabotador não pode contar com máquinas poderosas ou toneladas de explosivos; ele age na surdina e carrega nos bolsos ou nas costas seus instrumentos de destruição. Nos dias anteriores à guerra atômica, ele se via reduzido a duas alternativas. Podia destruir um alvo pequeno, mas importante, com explosivos que ele mesmo trazia, ou detonar, com sua minúscula carga, a energia armazenada nas munições de seu inimigo. Rjukan e Black Tom – a coisa pequena, mas indispensável, ou a grande concentração de explosivos instáveis. Ambos eram vulneráveis ao sabotador de antigamente.

Por essa razão, ambos os tipos de instalação eram cercadas de barreiras defensivas. A coisa pequena, exatamente por ser pequena, pode ser protegida por defesas pesadas e especiais. Uma sentinela guarda a ponte, o presidente é sempre acompanhado por uma guarda de segurança, os carros que entram em Oak Ridge são revistados. A carga de explosivos também pode ser protegida, e as fábricas ou depósitos de munições são isolados tanto das zonas residenciais como de outras concentrações de explosivos químicos instáveis. Quando um navio carregado de explosivos chega a um porto, sua carga segue por rotas tortuosas até um lugar ermo, onde sua explosão causaria poucos danos. O desastre de Port Chicago, quando um navio carregado de explosivos navais detonou por razões desconhecidas, tipifica essa explosão inesperada. Os homens que lá trabalhavam morreram às centenas, mas o local era tão remoto que não houve uma única baixa civil.

Na era de explosivos atômicos, o agente especial não se viu livre da limitação tradicional de sua profissão – seus meios físicos ainda têm que ser de pequenas dimensões. Isso, no entanto, deixou de significar destruição de pequena escala. Para provocar danos significativos, grandes esforços deixaram de ser necessários para garantir o acesso a um alvo vulnerável. O agente não precisa mais estudar os hábitos das sentinelas, nem esgueirar-se entre elas para colocar, próximo ao gerador, alguns quilos de TNT e cordas detonadoras. Hoje, Guy Fawkes não teria mais que colocar a pólvora diretamente nos porões do Parlamento. A bomba atômica de tamanho modesto que o agente monta em seu esconderijo irá, ao detonar, destruir todas as estruturas num raio de 1,6 quilômetros. Um volume do tamanho de uma pequena melancia guarda dentro de si uma energia equivalente a mais de vinte mil toneladas de altos explosivos tradicionais. O sabotador pode carregar, em sua bagagem de mão, mais destruição que a 8ª Força Aérea seria capaz de despejar sobre a Alemanha em dez bombardeios de potência máxima, dez bombardeios onde duzentos bombardeiros pesados e dois mil pilotos seriam sacrificados.

Não podemos mais, portanto, esperar que o agente especial seja especial. Numa guerra futura, e talvez até mesmo nos meses de tensa suspeita que possivelmente a precederão, as atividades dos sabotadores serão de grande importância. Contra eles, nem a porta fechada nem a sentinela armada terão poder. Um alvo, para estar seguro, tem que estar cercado de uma área sanitária de pelo menos 1,6 quilômetros de raio, que não poderá conter nada nem ninguém suspeito. Qualquer casa pode ser tão perigosa para seus arredores quanto o maior dos paióis de pólvora. Vinte mil toneladas de TNT podem ser guardadas sob o balcão de uma confeitaria.

Nada disso é exagero. É verdade que, para fazer uma bomba atômica, o pequeno bloco de explosivo atômico tem que ser acoplado a outros mecanismos. Algum tipo de explosivo químico tem que ser usado, com uma maciça esfera circundante chamada de "tampão". Nosso governo é parcimonioso com os detalhes, mas sabemos que a bomba daí resultante cabe no compartimento de bombas de um B-29, e temos certeza que a estrutura pode ser produzida com um peso total de cerca de uma tonelada. Ela pode ser acondicionada para ter a forma e aparência de um arquivo de pastas suspensas, ou de um piano vertical.

Seria possível detectá-la à distância por suas radiações? Robert Oppenheimer, quando perguntado numa audiência do Senado sobre a existência de algum instrumento científico capaz de detectar, num porão de Washington, a exata caixa onde estaria escondida uma bomba atômica, respondeu: "Sim, esse instrumento existe. É a chave de fenda, com a qual o investigador poderia dar-se ao trabalho de abrir caixa por caixa, até encontrar a bomba". Oppenheimer não estava brincando. Pequenas quantidades de radiação são emitidas pelo urânio-235 e pelo plutônio, mas o pesado tampão metálico usado para permitir a eficiência da bomba absorve bem essa radiação fraca. Os nêutrons emitidos pelo explosivo atômico são especialmente penetrantes, mas a bomba é construída de tal modo que, antes da detonação, há poucos nêutrons presentes, e toda a solução de projeto visa a evitar que eles escapem. Acondicionar a bomba numa caixa de madeira faria com que ela se tornasse imune até mesmo a uma detecção conduzida na sala ao lado.

Temos que aceitar o fato de que, em qualquer sala onde um arquivo possa ser guardado, em qualquer bairro de uma grande cidade, próximo a qualquer prédio ou instalação estratégica, um determinado esforço pode ocultar uma bomba capaz de matar cem mil pessoas e arrasar todas as estruturas comuns num raio de 1,6 quilômetros. E não somos capazes de detectar essa bomba exceto por mero acaso, esbarrando com ela no decorrer de uma minuciosa inspeção de todos os conteúdos que possam caber numa caixa, engradado ou compartimento do tamanho do gabinete de um aparelho de rádio grande, inspeção essa que implicaria revistar todos os cantos de todos os aposentos de todas as casas, de todos os prédios de escritórios e de todas as fábricas de todas as cidades, em todas as cidades de todo o país.

Imaginem o Estado policial que resultaria dessa prática, em um mundo onde a guerra ainda não foi banida! O general Groves, em seu depoimento à comissão de energia atômica do Senado, foi perguntado sobre a viabilidade de inspeções e controles internacionais. O general mostrou-se preocupado com a invasão da privacidade, tanto de empresas como de indivíduos, que decorreria dessa tentativa de assegurar que explosivos atômicos não estivessem sendo fabricados, e que as grandes usinas de Oak Ridge e Hanford não tivessem correspondentes clandestinos em algum país determinado a violar a paz. Ele, aparentemente, não levava essa alternativa em consideração. Ao que parece, nunca havia lhe ocorrido que, na ausência de um nível satisfatório de inspeções e controles internacionais, seria necessário que os agentes do FBI inspecionassem o baú de enxoval de cada donzela, a cristaleira de cada matrona, o arquivo de cada homem de negócios, a caixa de ferramentas de cada oficina, em todos os cantos dos Estados Unidos, pelo menos uma vez a cada sessenta dias. Uma invasão de privacidade desse nível seria de fato preocupante!

E, com tudo isso, essas medidas hercúleas de instituir inspeções em território nacional ainda não seriam suficientes. Uma bomba pode ser trazida de um país estrangeiro de duas maneiras: o explosivo atômico, que hoje só pode ser fabricado em instalações grandes, caras e facilmente identificáveis, poderia ser contrabandeado pouco a pouco por agentes secretos, após o que a bomba poderia ser construída aqui mesmo, apenas com os recursos de uma oficina relativamente modesta. Afinal de contas, os explosivos atômicos são metais de aparência respeitável, com os quais isqueiros, chaves, relógios de pulso e pregos de sapateiro podem ser fabricados. Não é possível distingui-los de outros metais, exceto através de um estudo detalhado de sua densidade e de sua absorção de raios-X. Aqui, um estado policial também seria necessário. Em meio à insegurança de um mundo onde os países possuem armas atômicas, cada pedacinho de metal trazido por qualquer visitante estrangeiro teria que ser inspecionado de formas laboriosas e sofisticadas.

Mesmo assim, ainda não estaríamos seguros. A outra maneira de fazer entrar no país uma bomba atômica proveniente do exterior seria esconder uma bomba completa dentro de uma carga aparentemente inofensiva sendo enviada aos Estados Unidos. No porão de um navio que flutua tranqüilamente nas docas do Brooklyn à espera da inspeção por raios-X imposta por uma nação amedrontada, essa bomba poderia matar umas cem mil pessoas e destroçar o porto. Se trazida num avião que faz as manobras finais para pousar na pista de uma grande base aérea transoceânica, ela poderia destruir a base, os passageiros e alguns quilômetros quadrados da área circundante. A rapidez e o conforto das viagens aéreas seriam anulados pela dura necessidade de inspecionar, lenta e cuidadosamente, qualquer caixa grande o suficiente para acondicionar uma máquina de escrever. Uma única caixa de dimensões como essas pode conter um instrumento dotado de potência suficiente para destruir o Canal do Panamá.

A crescente eficiência da sabotagem na era atômica e a grande concentração de energia destrutiva permitida pelos avanços recentes tornam possível uma guerra anônima. A identidade do fabricante da bomba e os nomes dos homens que a colocaram se desfarão em microssegundos numa terrível bola de fogo atômico. A horrenda possibilidade de provocação deliberada é assim introduzida. Num mundo equipado com armamentos atômicos de grande escala e imerso em desconfiança, um terceiro país seria capaz, através da colocação dessa bomba, de precipitar uma guerra entre dois outros países que, naquele momento, temem-se mutuamente. A traição que a guerra transforma em patriotismo é aqui elevada a seu máximo. No entanto, nada há de visionário nessa idéia. Ela nada mais é que a sombria conseqüência de nossas atuais capacidades.

É muito pouco provável que uma guerra venha a ser decidida pela destruição causada por bombas atômicas clandestinas como as descritas acima. Não é nossa intenção insinuar que uma guerra possa ser ganha através de sabotagem ou de meios traiçoeiros. Ela não precisaria ser, os foguetes são eficientes demais para tal. E o fato de existirem redes de sabotagem organizadas, capazes de plantar mais que umas poucas dessas armas clandestinas, com o risco de precipitar hostilidades se um único desses planos vier a falhar, é certamente grave. Mas, aqui, temos uma outra incerteza. Se seu país está engajado numa corrida de armamentos atômicos, você seria capaz de olhar com tranqüilidade o grande mar de telhados em torno de sua casa, em sua cidade?

Qualquer um deles pode esconder uma bomba. O início de uma nova guerra certamente implicará não apenas o lançamento de mísseis, mas também a explosão de minas sigilosamente colocadas próximas a alvos estratégicos, com o fim de alcançar a precisão minuciosa que talvez falte às armas de longo alcance. Prédios de repartições do governo tombarão, serviços de comunicações serão destruídos, portos, estações ferroviárias e aeroportos serão colocados fora de operação, indústrias estratégicas serão atacadas. Tudo isso irá acontecer, quer as bombas jogadas do ar tenham ou não grande precisão. É possível que nunca venhamos a conhecer o responsável, ou saber quem colocou, contrabandeou ou transportou as bombas. As medidas que teremos que tomar para nos proteger contra esse acúmulo de possibilidades tenebrosas fará com que as viagens e o comércio internacional tenham sua mobilidade reduzida ao nível que prevalecia na idade da navegação à vela, e teremos que desperdiçar nossa força de trabalho em atividades de vigilância, espionagem e investigação.

Diz-se que nosso presidente fica irritado com a necessidade de ver-se cercado de guarda-costas, dia e noite. O que será que um futuro presidente sentirá face à necessidade de jamais deixar que um outro ser humano se aproxime dele a uma distância menor que alguns quilômetros, exceto após toda a área circundante e todas as pessoas que nela se encontram serem minuciosamente revistadas?

Todas essas possibilidades se baseiam nas bombas que sabemos construir, nas bombas que nosso país vem construindo para se defender de um futuro incerto. Como as considerações apresentadas nos outros capítulos, as idéias aqui expostas apontam para um único fato. Em um mundo de posse de armamentos atômicos, não podemos buscar segurança nacional nas armas. Nossas conquistas só farão alimentar as ambições e as suspeitas de outras nações, que talvez tenham tanta relutância em ir à guerra quanto nós. Se um país se arma, todos têm que se armar; e se todos os países se armam nos termos do mundo atômico, cada um deles terá uma capacidade tão estrondosa de destruir os demais que a guerra acabará por ser vista como uma medida sanitária. Sua eclosão se torna inevitável.

A conclusão parece ser direta. Não podemos permitir que nosso mundo, afligido por tantos problemas reais, por tanta incerteza e desconfiança, seja levado a um estado tão fantástico que não haja palavras para descrevê-lo, e tão real que apareça em fotografias publicadas em todos os jornais. Temos que evitar uma corrida atômica por meio do controle internacional da energia atômica. O sabotador talvez não possa ser encontrado, mas não podemos jamais permitir que a fábrica que produz a sua bomba possa existir.

9
QUÃO PRÓXIMO ESTÁ O PERIGO?

Frederick Seitz e Hans Bethe

FREDERICK SEITZ, JR. chefia o departamento de Física do Carnegie Institute of Technology. No outono de 1943 ingressou no Laboratório Metalúrgico da Universidade de Chicago para trabalhar em problemas relacionados à usina de plutônio de Hanford.

HANS E. BETHE perdeu seu cargo de professor de Física na Universidade de Tübingen, em 1933, com o advento do regime de Hitler. Ingressou na Universidade de Cornell em 1935, onde hoje leciona Física. Durante a guerra, dirigiu o trabalho de Física Teórica em Los Alamos.

Um dos pontos de vista freqüentemente expressos com relação à nossa política sobre a bomba atômica está contido no *slogan* "Mantenham segredo!" Isso, de partida, conduz a duas perguntas da maior importância: Existe um segredo? E, caso exista, será que seríamos capazes de mantê-lo no mesmo sentido em que conseguimos manter segredo sobre o nosso local de desembarque nas praias da Normandia?

A primeira dessas duas perguntas pode ser respondida de forma imediata. No presente momento, os britânicos e nós, americanos, temos conhecimento de certos fatos científicos básicos e de técnicas de produção que não são de conhecimento geral no mundo de hoje. Esses fatos e essas técnicas relacionam-se ao projeto e à construção de máquinas para a produção de urânio leve puro (U-235), de plutônio e das bombas fabricadas a partir desses materiais.

Com essa resposta à primeira pergunta, reconhecemos de pronto que a resposta à segunda é de imensa importância para a formulação de nossa política externa. Se, por exemplo, estiver fora de qualquer possibilidade manter sigilo sobre os fatos relativos à tecnologia da bomba por um tempo maior que um prazo limitado, digamos, de quatro ou cinco anos, teremos que dar mais atenção à nossa política externa que a qualquer outro fator de nossa agenda nacional. De outra forma, talvez nos vejamos alienados num mundo hostil, um mundo no qual a proximidade da morte súbita em grande escala é maior do que era na selva primordial onde se originaram as tribos humanas. Mas, antes de podermos responder à segunda pergunta – ou seja, quanto tempo levará para que uma outra nação obtenha os conhecimentos necessários para a fabricação de bombas atômicas? –, temos que analisar a história de nosso próprio desenvolvimento.

O processo da fissão que torna possível a atual bomba atômica foi descoberto na Alemanha, no inverno de 1938-1939, e chegou ao conhecimento de nosso país em janeiro de 1939. Essa é a data inicial de nossas atividades no campo do desenvolvimento da bomba que, na prática, culminaram em 16 de julho de 1945, o dia de seu primeiro e bem-sucedido teste. Os seis anos e meio decorridos entre a descoberta fundamental e sua aplicação final podem ser subdivididos, de modo mais ou menos preciso, em três períodos distintos.

Período 1

O primeiro período se estendeu de janeiro de 1939 a janeiro de 1942, ou seja, por volta da época do bombardeio de Pearl Harbor, e pode ser chamado de período de sondagem. Ao longo dele, muitos problemas tiveram que ser solucionados: primeiramente, os problemas puramente científicos de inventar técnicas experimentais para investigar a viabilidade da reação em cadeia e de executar o trabalho experimental necessário; em segundo lugar, os problemas relativos a como levantar verbas suficientes e conseguir pessoal qualificado; e, em terceiro lugar, o problema de manter o interesse do país focado nessa questão em um momento em que os fatos ainda eram obscuros e especulativos. Esse foi o período no qual homens de gênio e determinação foram mais necessários do que nunca para levar a cabo os trabalhos. É interessante observar que esse foi também o período em que o trabalho foi executado por grupos relativamente pequenos, em diversas universidades, principalmente Columbia, Princeton e Califórnia, liderados por alguns de nossos mais brilhantes cientistas. Esse período terminou quando foi teoricamente demonstrado que a reação em cadeia iria funcionar.

Período 2

Esse período se estendeu de janeiro de 1942 a cerca de janeiro de 1944. As atividades se ampliaram e passaram da pesquisa pura à construção da primeira unidade de reação em cadeia e ao projeto de usinas de produção de materiais físseis em larga escala. Contratos foram firmados com empresas industriais para a construção ou operação dessas usinas. Instalações-piloto foram efetivamente construídas, vindo a produzir quantidades modestas – alguns gramas – de material ativo. Essas usinas foram usadas também para fazer avançar nossos conhecimentos sobre o projeto das unidades de larga escala. Três tipos de usinas foram desenvolvidos, uma para a produção de plutônio e duas outras para a separação de isótopos de urânio. Esse programa triplo foi considerado necessário porque não se sabia qual dos métodos iria funcionar, e funcionar no menor tempo possível, essa triplicação exigiu grandes esforços industriais e científicos, além de um aumento correspondente nos gastos. Nesse segundo período, foi criado o laboratório de bombas de Los Alamos e foi dada partida ao projeto da bomba.

Período 3

O último período se estendeu de janeiro de 1944 ao verão de 1945. Durante esse tempo, as grandes usinas de produção de materiais físseis foram concluídas e colocadas em operação. As atividades passaram do estágio de pesquisa e de projetos-pilotos para o da fabricação em larga escala. O material ativo produzido foi usado em experimentos visando a determinar o tamanho e outras características da bomba, assim o projeto da bomba foi concluído. As pesquisas foram prejudicadas pelo fato de que, novamente, diversas linhas de pesquisa tiveram que ser seguidas, como havia ocorrido no desenvolvimento dos processos de produção. Finalmente, em julho de 1945, foi realizado o teste que demonstrou a viabilidade geral da bomba, e também a solidez de seu projeto.

Chegamos agora ao ponto onde é possível colocar o problema de forma concisa: quanto tempo levaria para que países estrangeiros que não os participantes da Commonwealth britânica percorressem cada um dos três estágios descritos acima? As potências do Eixo podem ser deixadas de fora dessas considerações. Os países mais importantes são, sem dúvida, a Rússia e a França, mas a China e a Argentina (ou algum consórcio de nações latino-americanas) também devem ser levadas em conta. Existe também a possibilidade de uma nação pequena de alto desenvolvimento, como a Suécia ou a Suíça, virem a se aliar a uma grande potência de menor desenvolvimento industrial.

Não há dúvida de que muitos desses países têm tanta motivação quanto nós para aprender os fatos sobre a bomba atômica. O problema não é se as apreensões de um país são ou não justificadas. Num mundo de fortes soberanias nacionais, os preparativos para a guerra são iniciados com base em emergências potenciais e muitas vezes remotas. Não há dúvida de que, na ausência de controles internacionais sobre a bomba atômica, os russos irão tentar desenvolvê-la no prazo mais curto possível, e direcionarão para esse fim uma parcela substancial de seus recursos. A França já tornou público que está dando início a um projeto de bomba atômica, tendo o Saara como um possível campo de testes, e contando com verbas iniciais muito maiores que as empregadas em nosso país ao longo de todo o primeiro período (1939-1941).

Dando por certa essa motivação, temos que nos perguntar, em seguida, sobre a disponibilidade dos talentos científicos necessários a esse projeto. Os Estados Unidos e a Grã-Bretanha, sem dúvida alguma, atualmente detêm a maior parte dos cientistas de notável talento. Além disso, esses homens, nos últimos seis anos, vêm tendo excelentes condições de trabalho. Esses dois fatos explicam a razão pela qual conseguimos desenvolver a bomba em seis anos e meio. Seria difícil afirmar que qualquer outra nação ou consórcio de nações teria realizado o trabalho de forma tão rápida, *caso tivessem partido do mesmo ponto que nós, em 1939*. Por outro lado, seria igualmente difícil afirmar que nenhum outro país teria conseguido alcançar o que alcançamos em qualquer período de tempo. Em primeiro lugar, tanto a Rússia quanto a França possuem homens de extraordinária capacidade. Em segundo lugar, devemos reconhecer que, durante os períodos 1 e 2, nos quais foi alcançada a maior parte de nossos avanços, o trabalho principal esteve nas mãos de um pequeno grupo. Ou seja, um grande número de homens competentes não é o fator essencial. É praticamente certo que a razão pela qual nenhuma nação estrangeira alcançou grandes avanços durante o período 1939-1945 (se é que isso é verdade!) é que elas não podiam ou não quiseram dedicar grande atenção ao assunto. A Rússia lutava pela própria vida, com apenas uma fração dos equipamentos necessários; a França estava sob ocupação; a Alemanha, o país que provavelmente chegou mais perto do sucesso, deu a guerra por ganha em 1941 e 1942 e, portanto, não viu motivos para perseguir com afinco essa linha de pesquisa de longo prazo.

E o que dizer da disponibilidade de materiais? Em nosso país, o trabalho inicial foi realizado em escala modesta, em instalações oferecidas por universidades. Instalações desse tipo podem ser encontradas em todas as nações em questão, e em muitas outras. O trabalho nos projetos-piloto, correspondente ao período 2, exige maiores quantidades de materiais, principalmente de urânio. Esse mineral é encontrado em quantidades significativas em St. Joachimethal, na Tchecoslováquia, e também na Rússia, na Suécia e na Noruega, para não mencionar os grandes depósitos existentes no Congo Belga. Podemos concluir com segurança que qualquer país que se lance a essa empreitada não terá grandes dificuldades em obter minérios em quantidade suficiente para a construção de projetos-piloto.

Dada a natureza ubíqua do urânio, é difícil acreditar que uma nação com a área territorial da Rússia, por exemplo, tenha dificuldade em localizar depósitos de dimensões suficientes para permitir uma futura produção em larga escala. Essa questão dos materiais pode se converter em um obstáculo para a produção de bombas em grande quantidade em alguns dos países menores. Esse fato, entretanto, não evitaria que esses países se engajassem em pesquisas sobre projetos-piloto, que acabariam por levar à construção de usinas e de bombas – ou à venda desses resultados a terceiros. Além disso, se o urânio vier a ser um material de importância primordial para a vida de uma nação, seu preço irá superar o do ouro, e a extração de minérios de baixo teor passará a ser lucrativa do ponto de vista do país. O ouro é extraído comercialmente a partir de cascalho contendo quantidades mínimas desse metal, às vezes de 0,3 partes por milhão. Acredita-se que o teor médio do urânio na crosta terrestre seja cerca de vinte vezes maior, ou seja, seis partes por milhão.

Com relação à capacidade industrial, muitos dos países mencionados são altamente desenvolvidos. É verdade que a escala de sua produção não é tão grande quanto a nossa, mas dois bilhões de dólares não é, para nenhum deles, uma soma excessiva em relação a sua renda nacional num período de, digamos, cinco anos. *Além disso, como discutiremos mais adiante, a replicação de nossos feitos terá custos muito menores para eles.*

Alguns dados coletados pelo Dr. Lawrence Klein, da Universidade de Chicago, mostram que na Suécia – para usar como exemplo um dos menores países entre os que talvez se disponham a fabricar a bomba – a média da produção bruta anual das fábricas e equipamentos (ou seja, excluindo bens de consumo) no período de 1925-1930 foi de 350 milhões de dólares. Boa parte desse produto foi usado na substituição de fábricas e equipamentos obsoletos, mas quando se trata de se preparar para a guerra, esse fator pode ser rapidamente alterado. Durante nossos anos de produção de guerra, conseguimos fornecer armamentos em quantidades suficientes para os exércitos das Nações Unidas eliminando a reposição costumeira de nossas fábricas e equipamentos. A Suécia, ao se decidir a produzir bombas, também poderia consumir capital a fim de alcançar seu objetivo.

Um esforço total da parte da Suécia poderia exigir um gasto médio de duzentos milhões de dólares anuais durante um período de cinco anos. Tomando como base sua produção no período de 1925-1930, isso significaria absorver 57% de sua capacidade de produzir fábricas e equipamentos, e apenas 10% de sua capacidade bruta de produzir bens e serviços de todos os tipos. Esses percentuais são muito pequenos se comparados com os exigidos pelos esforços bélicos dos Estados Unidos, da União Soviética, da Grã-Bretanha, da Alemanha etc. Esse programa seria de fácil execução para a Suécia, caso esse país realmente desejasse possuir bombas atômicas.

Muitos americanos acreditam que os russos, embora capazes de produção de grandes quantidades, sejam atrasados com relação à qualidade de suas indústrias. Os autores gostariam de apontar, apenas como um aspecto dessa questão, que os russos, durante a guerra, executaram um amplo programa de tanques e produziram grandes quantidades de um tanque que era tão bom quanto os melhores produzidos pelos alemães e, na opinião dos autores, muito melhores que os nossos Sherman. Esse programa deve ter implicado um esforço comparável ao empregado por nós no programa da bomba atômica, do ponto de vista tanto da tecnologia quanto da produção.

Ao estimar o tempo exigido para que uma nação venha a produzir uma bomba atômica, temos que comparar não apenas seus recursos com os nossos próprios, mas também seu ponto de partida com o nosso ponto de partida. Qualquer nação que comece a trabalhar no desenvolvimento da bomba atômica no momento atual já parte de um conhecimento muito maior do que o que possuíamos em 1939. As duas principais fontes de informação são, em primeiro lugar, o conhecimento de que a bomba realmente funciona e que ela pode ser pequena o suficiente para ser facilmente transportada em aviões e, em segundo lugar, o relatório Smyth, que traz dados bastante específicos.

Consideremos primeiramente as vantagens derivadas do conhecimento de que a bomba funciona. Esse conhecimento significa que grande parte da sondagem e das especulações que foram necessárias durante o primeiro dos três períodos discutidos acima torna-se desnecessária. Assim, a motivação para grandes esforços de larga escala existe de partida. Em nosso programa, o grosso dos esforços do período 1 voltaram-se para a obtenção de contribuições científicas e de apoio financeiro, e todo esse tempo pode agora ser economizado. Além do mais, deixou de ser necessário depender da visão e do julgamento de homens de rara genialidade. Cientistas de capacidade média são perfeitamente capazes de avaliar os fatores envolvidos. Torna-se possível, também, reduzir o tempo total do projeto dando início simultâneo às três fases. Deixa de ser necessário esperar pelos resultados do primeiro período de desenvolvimento antes de tomar decisões relativas aos esforços a serem arriscados no segundo e no terceiro.

Examinemos em seguida o relatório Smyth, que fornece informações quantitativas detalhadas sobre a maneira mais vantajosa de orientar os trabalhos. Com relação, por exemplo, à produção de plutônio, o relatório Smyth afirma que é possível operar uma pilha de reator com o uso de urânio natural e um moderador de grafite, embora a água, que absorve os nêutrons e, portanto, reduz a eficiência, possa ser usada no sistema como um refrigerante. Além disso, pode-se deduzir do relatório que o plutônio produzido durante a reação pode ser quimicamente separado, e num grau suficiente de pureza, para ser usado numa bomba. O relatório não fornece informações precisas sobre as dimensões dos canos e de outros dutos usados na instalação, nem descreve em detalhe os métodos usados para a separação química. No entanto, homens de gênio muito inferior aos que planejaram os trabalhos originais seriam capazes, sem dúvida alguma, de preencher as lacunas, uma vez que eles estão amparados na certeza da viabilidade do programa como um todo.

Numa conversa de mesa de jantar ocorrida durante um encontro científico recente, ouviu-se um físico competente, que não havia tido qualquer participação no trabalho de desenvolvimento da bomba, relatar a um outro físico suas conclusões a respeito da produção de plutônio e das dimensões gerais da bomba atômica, conclusões essas retiradas da leitura do relatório Smyth e surpreendentemente corretas quanto aos fatos não publicados. E não seria arriscado afirmar que, em cada um dos países estrangeiros em questão, há pelo menos 25 pessoas capazes de fazer inferências igualmente corretas a partir do relatório Smyth.

Igualmente importante é a informação de que qualquer um dos três processos distintos pode produzir bons resultados: a produção de plutônio através da reação em cadeia, a separação do urânio-235 pelo método eletromagnético e a separação pelo método de difusão. Qualquer país que parta hoje desse conhecimento pode determinar com relativa facilidade qual desses processos é o mais barato e o mais adaptado a suas instalações industriais. Isso significa uma grande economia de verbas, talvez reduzindo os gastos necessários a bem menos de um bilhão de dólares, significando também uma redução significativa dos esforços industriais e científicos, uma vez que a totalidade do trabalho pode se concentrar em uma única linha.

Qual a ordem da redução de prazo permitida pelos conhecimentos hoje disponíveis? A principal redução, obviamente, ocorrerá no primeiro período do desenvolvimento. No nosso caso, esse período exigiu três anos de trabalho e, durante boa parte desse tempo, nossas equipes trabalharam sem grande apoio financeiro e sem a certeza do êxito final. Contando com esse apoio e baseando-se nas informações do relatório Smyth, é difícil imaginar que homens da qualidade de Auger e Joliot, na França, e Kapitza, Landau e Frenkel, na Rússia, viessem a precisar de tanto tempo quanto nós para cobrir o mesmo terreno. Dois anos seriam plenamente suficientes para esse período.

No tocante à segunda fase do trabalho, podemos afirmar com segurança que, hoje, não é arriscado dar início imediato aos planos para a operação de fábricas-piloto. Dados detalhados sobre a produção dessas unidades talvez não estejam disponíveis no momento. No entanto – caso se decida a produzir plutônio, e não separar U-235 – sabe-se que urânio e grafite terão que ser usados em grandes quantidades. Daí que o trabalho de preparação desses materiais pode ser imediatamente iniciado. Aqui também o relatório Smyth é muito útil, por indicar que um certo processo de grande simplicidade para a fabricação de metal de urânio já foi usado com sucesso – fato esse que levou tempo para ser estabelecido em nosso próprio processo. Trabalhos preparatórios também podem ser iniciados caso um dos métodos de separação for escolhido como o mais adequado. Em ambos os casos, a localização definitiva das unidades-piloto pode ser escolhida de imediato, e todos os preparativos necessários para equipar essas unidades podem ser iniciados. Desse modo, talvez um ano após o primeiro período de pesquisa ter determinado as dimensões a serem usadas nas unidades-piloto, elas já podem entrar em funcionamento.

Chegamos em seguida à questão da fabricação em grande escala. Todo o raciocínio aplicado à produção de usinas-piloto aplica-se também aqui. As instalações adequadas para o processamento e a purificação de materiais como urânio e o grafite podem ser montadas simultaneamente ao trabalho de instalação das unidades-piloto. Algum atraso pode ser provocado pela necessidade de desenvolver um processo químico para separar o plutônio do urânio, porque esse processo talvez só possa vir a ser descoberto após as usinas-piloto terem produzido material suficiente para esse trabalho. Além do mais, nesse estágio, o alto desenvolvimento da indústria é o que mais conta, e outras nações talvez precisem de mais tempo do que foi necessário a nós, porque seu setor industrial é mais atrasado que o nosso, em termos qualitativos ou quantitativos. Mesmo assim, estaremos calculando com folga se estimarmos um prazo de dois anos para esse período, o que já é o dobro do tempo que nos foi necessário. Acrescentando esses dois anos aos três anos estimados para a conclusão dos períodos 1 e 2, concluímos que a fabricação de plutônio ou urânio-235 (ou ambos) pode ter início em cinco anos, no máximo. Parte-se do princípio, é claro, que a fabricação final só pode ser concretizada por uma nação que conte com fontes suficientes de urânio.

Por fim, chegamos à importantíssima questão do projeto e da construção da bomba. O projeto poderá começar já nas primeiras etapas do programa, talvez relativamente mais cedo do que ocorreu em nosso caso. Informações básicas obtidas durante os dois primeiros períodos do desenvolvimento até o estágio das usinas-piloto fornecerão o conhecimento necessário sobre as dimensões da bomba e os métodos que podem ser usados para detoná-la. Essas informações devem estar disponíveis por volta do quarto ano, segundo nossas estimativas, de forma que a teoria da bomba já será claramente entendida à época em que as unidades de fabricação estiverem começando a produzir materiais. Com grande parte do projeto da bomba executado com antecedência, é pouco provável que haja grandes atrasos no período que vai da fabricação do material à produção do produto acabado. Um ano é certamente um prazo mais que suficiente. No todo, portanto, um total de seis anos terá decorrido antes que as bombas estejam concluídas – um período um pouco menor que o tempo que nos foi necessário, apesar de termos acrescentado um ano para compensar o desenvolvimento industrial supostamente menor dos outros países.

Verificamos assim que outras nações serão capazes de reproduzir nosso processo num tempo aproximadamente igual ao que levamos para criá-lo. O relatório Smyth, cujo principal valor consiste em afirmar que certos processos, que teriam ocorrido naturalmente a outros cientistas, tiveram êxito na prática, representará uma contribuição considerável a seu programa. O fato mais importante, contudo, é que o nosso programa obteve êxito. Mesmo que a viabilidade da bomba não houvesse sido demonstrada, logo se saberia que três grandes usinas estiveram engajadas em nosso programa, usinas de aparência e maquinário totalmente diferentes, e que todas as três continuaram em operação, mostrando que deve haver três processos diferentes, todos bem-sucedidos. Grande parte das informações relevantes contidas no relatório Smyth poderiam portanto ser deduzidas de outros dados. O grande segredo foi revelado, e o grande incentivo fornecido quando a primeira bomba atômica foi jogada sobre Hiroshima.

Muitos fatores podem contribuir para reduzir o prazo aqui estimado. Para começar, partimos do ponto de vista algo provinciano de que a nação engajada nesse trabalho será menos eficiente do que nós fomos, ponto de vista esse que pode ser inteiramente injustificado. Além disso, devemos ter em mente que, em alguns países, os trabalhos podem já estar muito mais adiantados do que os fatos externos parecem indicar. Por fim, não se deve esquecer que homens de gênio, em outros países, podem inventar métodos muito superiores aos nossos, que reduziriam em muito o tempo necessário. Nossas estimativas anteriores basearam-se na suposição de que uma nação estrangeira simplesmente copiaria nosso padrão de ataque.

Resumindo, então, somos levados, por um raciocínio bastante direto, a concluir que qualquer uma de várias nações estrangeiras que tenham essa intenção poderia reproduzir nosso trabalho num período de cerca de cinco anos. Os céticos ou os nacionalistas poderiam, neste ponto, decidir que esse raciocínio não traria grandes implicações para nossa política externa porque é possível que, em cinco anos, tenhamos progredido tanto com relação à nossa posição atual que não terá importância se uma nação estrangeira tiver alcançado nosso atual patamar de conhecimento.

Há duas fortes objeções a esse ponto de vista. Primeiramente, é perfeitamente possível que uma nação estrangeira, daqui a cinco anos, venha a nos ultrapassar. Em segundo lugar, mesmo que tenhamos bombas mais potentes que as delas, nossa posição de dianteira terá sido grandemente enfraquecida. Pois o fato lamentável é que as bombas atuais, caso usadas de maneira eficiente e em número suficiente, têm potência bastante para paralisar nossa altamente centralizada estrutura industrial no espaço de um único dia. De pouco nos adiantaria contar com um estoque de bombas mais poderosas em nossos arsenais, a não ser que pudéssemos usá-las para evitar o ataque, e essa parece uma possibilidade bastante remota. A existência dessas bombas poderia ter um efeito inibidor, no sentido de que o inimigo temeria represálias. No entanto, se a história serve de lição, ela ensina que o medo de represálias jamais evitou uma guerra em que as chances de vitória rápida fossem tão grandes quanto seriam se o adversário decidisse atacar rapidamente e com força total empregando bombas atômicas.

10

UMA CORRIDA ARMAMENTISTA ATÔMICA E SUAS ALTERNATIVAS

Irving Langmuir

IRVING LANGMUIR, um dos cientistas industriais americanos de maior destaque, recebeu o prêmio Nobel de Química em 1932. Hoje é diretor-adjunto do General Electric Research Laboratory. Em 1945, participou do pequeno grupo de cientistas americanos que compareceu à reunião comemorativa do aniversário da Academia de Ciências da União Soviética.

Hoje, possuímos bombas atômicas e vimos acumulando um estoque dos materiais que podem ser usados em sua fabricação. Esse programa vem avançando com gastos anuais da ordem de quinhentos milhões de dólares. Foi anunciado que a Grã-Bretanha tem planos de produzir bombas atômicas. Em 6 de novembro, Molotov afirmou: "Nós, também, teremos energia atômica e muitas coisas mais".

Uma corrida de armamentos atômicos teve início, portanto, trazendo insegurança a todas as nações do mundo. No entanto, cada uma das Nações Unidas deseja segurança futura mais que qualquer outra coisa. O estabelecimento de controles internacionais sobre a energia atômica e sobre os materiais usados na fabricação de armas atômicas é, portanto, da máxima urgência. Se um método de controle não vier a ser instaurado, a única alternativa parece ser o desencadeamento de uma corrida armamentista atômica que, sem dúvida alguma, terminará, como todas as corridas armamentistas anteriores, em guerra.

Os estágios da corrida armamentista atômica

Tentarei analisar os estágios sucessivos dessa corrida armamentista. No primeiro desses estágios, apenas os Estados Unidos possuirão bombas atômicas e acumularão estoques atômicos. Outras nações estarão se preparando para fabricá-las. Durante esse tempo, estaremos em posição segura. No segundo estágio, uma ou mais nações terão começado a produzir bombas atômicas, enquanto os estoques dos Estados Unidos terão se tornado tão grandes que teremos bombas atômicas em número suficiente para destruir praticamente todas as cidades de qualquer país inimigo. Durante esse período, ainda estaremos relativamente seguros. Ao longo do terceiro estágio, muitos países terão bombas suficientes para destruir praticamente todas as cidades de qualquer inimigo. Nesse estágio, nenhum país estará seguro. Como um ataque por parte de qualquer nação será quase que certamente seguido de retaliação, vantagens duradouras advindas de um ataque-surpresa virão praticamente a desaparecer.

Se a corrida armamentista atômica prosseguir por tempo suficiente, é provável que venham a ser feitas descobertas que reduzirão em muito os custos de produção das bombas, ou novos tipos de bombas milhares de vezes mais potentes talvez sejam inventadas. Foi estimado que cerca de dez mil bombas do tipo das que temos hoje seriam capazes de destruir praticamente todas as cidades dos Estados Unidos. A área abrangida, contudo, seria de cerca de 260 mil quilômetros quadrados, o que representa aproximadamente 3% da área territorial dos Estados Unidos.

Durante o quarto estágio da corrida armamentista, bombas atômicas e venenos radioativos espalhados por todo o país poderiam destruir praticamente a totalidade de seu território, de forma a que nenhuma retaliação eficaz fosse possível. O vencedor dessa guerra se veria então obrigado a exercer um total domínio sobre o mundo inteiro para se colocar a salvo da ameaça de novas bombas atômicas. O quarto estágio da corrida armamentista, se for permitido que ela se prolongue o suficiente, trará uma insegurança intolerável à maioria das nações, de modo que a nação que se sentir mais bem preparada será praticamente forçada a desencadear uma guerra a fim de evitar o perigo de uma destruição total.

O ritmo no qual as nações podem avançar ao longo desses quatro estágios da corrida armamentista dependerá não apenas das dificuldades inerentes à produção de bombas atômicas, mas também, em grande medida, de sua motivação: exatamente quanto esforço as diferentes nações julgam poder investir para alcançar seus objetivos?

As motivações que levariam a esses esforços são de dois tipos: primeiramente, questões de prestígio; em segundo lugar, a intensidade dos sentimentos de insegurança. Essa insegurança, provavelmente, irá variar conforme a situação internacional. O fato de sermos hoje a única nação a possuir bombas atômicas significa que, durante os estágios iniciais da corrida armamentista, outras nações irão agir, em boa parte, com base em seu entendimento e interpretação das intenções norte-americanas. É, portanto, de particular importância que a declaração Truman-Atlee-King, de 15 de novembro de 1945, tenha reconhecido que os Estados Unidos, o Reino Unido e o Canadá devem "tomar a iniciativa nesse assunto".

Possíveis avanços atômicos na URSS

Não há dúvida de que a Grã-Bretanha e o Canadá são as nações, além dos Estados Unidos, que primeiro seriam capazes de construir bombas atômicas. Churchill já declarou: "Concorda-se que a Grã-Bretanha deva fabricar bombas atômicas o quanto antes, e mantê-las em depósitos apropriados e seguros".

Mas a Rússia, com sua população de mais de 195 milhões de habitantes e seu território de cerca de 23 milhões de quilômetros quadrados, também possui imensos recursos humanos e materiais. No período 1934-1940, a Rússia, ao invés de seguir uma política de pacificação, como muitas outras nações optaram por fazer, engajou-se num vasto programa de preparativos militares, não com objetivos de agressão, mas para se defender contra a agressão alemã. Eles fizeram essa opção apesar de isso significar manter seu padrão de vida em níveis muito inferiores aos que de outra forma teriam sido possíveis. Os especialistas em assuntos militares alemães e norte-americanos subestimaram grosseiramente os preparativos militares russos, e foram tomados de surpresa pelo poderio demonstrado pela Rússia ao obrigar os exércitos alemães a recuarem de Stalingrado a Berlim. Os russos construíram aviões de notável qualidade e, por muitos anos, detiveram o recorde mundial de vôos de longa distância. A eficiência dos tanques russos em comparação aos da Alemanha e dos Estados Unidos já foi apontada no capítulo anterior.

O custo de um projeto de bomba atômica semelhante ao nosso seria pequeno se comparado aos gastos feitos pela Rússia nos preparativos para a última guerra. Uma vez que, em termos de potência correspondente, as bombas atômicas são cerca de dez vezes mais baratas que os demais armamentos, o custo global de um programa de fabricação de bombas atômicas, mesmo um de grandes dimensões, pode ser muito inferior ao montante que a Rússia, em circunstâncias normais, planejaria gastar com um exército e uma marinha de tipo convencional.

Os russos dão a impressão de serem um povo forte, resistente e pioneiro, que sente grande orgulho por seus feitos na guerra recente. Questões de prestígio, portanto, desempenhariam um forte papel em sua motivação para obter domínio sobre a energia atômica. Se a situação internacional se encaminhar de forma a provocar insegurança crescente, creio que os russos poderiam perfeitamente lançar um programa de desenvolvimento de bombas atômicas numa escala muito maior que os que poderíamos esperar de outros países. A Rússia é totalmente capaz de mobilizar recursos para um programa de grandes dimensões, como já o fez durante os preparativos para a guerra com a Alemanha, quando o país investiu entre 10% e 20% de sua capacidade em planos qüinqüenais ou decenais. Antes da guerra, os Estados Unidos investiam apenas cerca de 0,04% de sua receita em pesquisas de ciência pura e 0,25% em pesquisas industriais. Durante a guerra, os investimentos totais em pesquisa, incluindo o projeto da bomba atômica, aumentaram para talvez 1,5%.

Num projeto de tamanha envergadura, a eficiência russa talvez fosse baixa de início, mas aumentaria de forma rápida e constante à medida que seu plano avançasse, da mesma forma que ocorreu em todas as empreitadas em que eles se lançaram. Os russos estão acostumados a grandes projetos. Quando estive na Rússia recentemente, falaram-me de uma usina-piloto, que havia custado quase cem milhões de dólares e estava em fase final de construção, para a operação contínua de um alto forno que usava oxigênio ao invés de ar. Testes realizados antes do início do projeto provaram que um alto forno de um tamanho específico gerava uma potência cinco vezes maior quando o ar era substituído pelo oxigênio. Estava em discussão um projeto no valor de dois milhões de dólares visando a converter todo o setor siderúrgico russo, o que resultaria em grandes economias no custo do aço e do ferro.

Se a corrida armamentista continuar, acredito que os russos consigam atingir o estágio dois (ou seja, o início da produção de bombas) em cerca de três anos. A partir daí, entretanto, há a forte possibilidade de a Rússia vir a acumular bombas atômicas num ritmo mais rápido que o nosso, de modo a atingir os estágios três e quatro antes que consigamos fazê-lo. As vantagens com as quais eles contam nessa corrida são:

1. Uma grande população que pode ser arregimentada e está disposta a sacrificar seu padrão de vida por um programa de defesa de longo prazo.
2. Um notável sistema de incentivos, que vem aumentando rapidamente a eficiência de sua produção industrial.
3. Ausência de desemprego.
4. Inexistência de greves.
5. Enorme valorização das ciências puras e aplicadas, às quais é conferida alta prioridade.
6. Um programa científico muito mais amplo que os contemplados por outras nações.

Os cientistas russos

A rapidez com que um projeto de bomba atômica de larga escala poderia ser desenvolvido na Rússia, tendo em vista os incentivos mencionados acima e na ausência de mecanismos de controle, dependeria, em última análise, da capacidade de treinar seus cientistas. Noticiou-se recentemente que, atualmente, existem na

Rússia 790 universidades, e que o número de alunos vem aumentando progressivamente, apesar da guerra. Os russos acreditam que seus métodos educacionais passaram por grandes aperfeiçoamentos. Foi-me dito, por exemplo, que, durante a guerra, eles descobriram que conseguiriam treinar trabalhadores industriais qualificados em muito menos tempo do que antes era tido como possível.

Mesmo assim, são muitos os que acreditam que a Rússia não possua nem número suficiente de cientistas nem os estabelecimentos educacionais para treiná-los, e tampouco mão-de-obra qualificada suficiente para construir bombas atômicas num prazo razoável. O general Groves, por exemplo, em seu depoimento à Comissão de Energia Atômica do Senado, calculou que levaria de vinte a sessenta anos para que a Rússia conseguisse construir bombas atômicas.

Tive a oportunidade de me familiarizar com alguns setores do desenvolvimento científico russo por ter estado presente às reuniões realizadas em Moscou e Leningrado, em junho de 1945, em comemoração ao 220º aniversário da fundação da Academia de Ciências da União Soviética.

Nas reuniões plenárias, realizadas em grandes teatros, com uma audiência de cerca de três mil pessoas, foram apresentados trabalhos sobre a história da ciência na Rússia e em outros países, e também sobre assuntos específicos de interesse geral. Mais de cem cientistas estrangeiros foram convidados para participar desses encontros. A maior parte do tempo que passamos em Moscou e Leningrado foi dedicada a conversas com cientistas de alguns dos 78 institutos que fazem parte da Academia. Visitei diversos desses institutos, principalmente os das áreas de química e física. Verifiquei que os cientistas russos falavam livremente sobre seu trabalho e abriam seus laboratórios à minha visita. A amabilidade desses homens causou-me ótima impressão, assim como sua total dedicação à ciência. Era óbvio que seu trabalho obedecia uma agenda formulada por cientistas, estando livre de um grau indevido de controle político. Na verdade, durante a guerra, eles haviam dado prosseguimento a trabalhos científicos de tipos que teriam sido impensáveis nos Estados Unidos. Boa parte do trabalho era de longo prazo e, muitas vezes, direcionado ao estabelecimento de bases sólidas para o desenvolvimento industrial do pós-guerra. Eles haviam conseguido dispensar homens de serviço militar ativo para trabalhar em pesquisas científicas.

Todos os homens que conheci demonstravam um óbvio desejo por um longo período de paz e segurança. Seu planejamento indicava que esperavam e acreditavam que isso seria possível. Durante o período 1934-1940, reinou entre eles um forte sentimento de insegurança devido ao perigo de invasão alemã. Em junho de 1945, manifestavam um grande alívio por terem-se livrado desse tempo de insegurança: a guerra contra as potências do Eixo havia sido ganha. Planejavam reconstruir as áreas devastadas, mas esperavam, ao mesmo tempo, lançar as bases para um futuro padrão de vida tão alto ou ainda mais alto que o dos Estados Unidos. A ciência, pura e aplicada, deveria ter um papel preponderante nesse programa. O prédio da Academia de Ciências, pouco antes, havia passado por reformas e melhorias, mas tive a oportunidade de ver o projeto de um novo prédio, de cinco a dez vezes maior que o atual.

A posição social dos cientistas na Rússia, assim como seu acesso a casas de campo, automóveis etc., são usados como incentivos para que eles se esforcem para chegar a cargos de liderança. Na reunião da Academia, foram entregues 1.400 condecorações. Por exemplo, treze cientistas receberam a comenda de Herói do Trabalho Socialista, a mais alta de todas; 196 receberam a Ordem de Lenin, que, algumas semanas antes, havia sido conferida a Molotov. Um artigo intitulado *A ciência serve o povo*, publicado então no *Moscou News*, dizia o seguinte:

"Nunca antes os cientistas receberam tanta atenção do Estado nem tanta estima por parte da sociedade da União Soviética."
"O Estado fornece aos cientistas o máximo de facilidades de vida e de trabalho, e assegura que, após sua morte, sua família venha a ter uma vida confortável."

É extraordinário que essa reunião da Academia tenha sido realizada apenas um mês após o término da guerra na Europa. A prodigalidade de eventos sociais – por exemplo, um banquete para 1.100 pessoas realizado no Kremlin, contando com a presença de Stalin e tendo Molotov como mestre-de-cerimônias – mostrou a importância conferida pelos russos à ciência. Em todos os discursos, grande ênfase foi colocada no caráter internacional da ciência. Foi afirmado que cientistas de todo o mundo haviam sempre cooperado entre si, colocando-se acima dos antagonismos nacionais. Manifestou-se a esperança de que, em outras esferas, as nações aprendam a cooperar de forma semelhante.

O uso de bombas atômicas contra o Japão, ocorrido em agosto daquele ano, deve ter vindo como um grande choque. A maioria dos russos provavelmente sentiu que a segurança que eles acreditavam ter finalmente alcançado havia subitamente chegado ao fim, trazendo de volta o estado de insegurança que marcou suas vidas entre 1934 e 1940. Creio que as dificuldades em se chegar a acordos internacionais com a Rússia antes da conferência de Moscou foram devidas a uma reação natural causada por seu desapontamento com relação à segurança futura.

Entenderemos melhor as dúvidas dos russos quanto à nossa política de considerar as bombas atômicas como um "encargo sagrado" perguntando a nós mesmos: qual seria hoje a opinião do público americano se não tivéssemos desenvolvido a energia atômica mas se, perto do final da guerra, bombas atômicas houvessem sido jogadas em Berlim pelos russos sem as consultas necessárias? Será que nossa insegurança seria de todo aliviada se o governo russo, alguns meses mais tarde, tivesse declarado que tinha em seu poder um crescente estoque de armas atômicas na condição de "encargo sagrado"?

As bases do acordo com a Rússia

A declaração de 15 de novembro traz a esperança de que, através da Organização das Nações Unidas, possa ser criada "uma atmosfera de confiança recíproca, na qual poderão florescer acordos políticos e cooperação".

Uma maneira de buscar uma base para a cooperação e, por fim, para o controle internacional da bomba atômica, seria levar em conta, antes de mais nada, questões de consenso mútuo: nenhuma nação deseja conquistar o mundo, todas elas almejam segurança, pleno emprego, melhores condições de trabalho e, de modo geral, um padrão de vida mais alto para seu povo. Muitos outros pontos consensuais poderão ser encontrados.

O controle internacional apresenta sérias dificuldades. Temos que levar em conta que a Rússia e os Estados Unidos não entendem muito bem um ao outro. Não gostamos da forma de governo adotada por eles, e eles não gostam da nossa. Eles não gostam de nossas greves e de nosso desemprego, e nós não gostamos do controle da imprensa e da opinião pública exercidos por eles. Eles lêem em nossos jornais muitas declarações que sabem ser falsas, mas nas quais, ao que parece, queremos acreditar.

Os jornais russos culpam o controle capitalista, a plutocracia e a burguesia por tudo o que lhes desagrada nos Estados Unidos. Eles afirmam possuir a única democracia verdadeira, enquanto nós afirmamos que sua democracia simplesmente não existe. Nessas condições, é difícil superar medos e desconfianças.

As nações diferem de maneiras fundamentais em suas formas de governo. Contudo, podem chegar a um acordo quanto ao direito de cada uma de escolher a forma de governo a ser adotada dentro de suas fronteiras. Em tempos recentes, surgiram desacordos quanto aos governos a serem estabelecidos nos países liberados e conquistados.

A política geral dos Estados Unidos foi proposta nas Quatro Liberdades e na Carta do Atlântico. A primeira das Quatro Liberdades citadas pelo presidente Roosevelt, em janeiro de 1941, é "a liberdade de fala e expressão (...) em todo o mundo". A Carta do Atlântico, proposta pelo presidente Roosevelt e pelo primeiro-ministro Churchill, continha oito artigos. O segundo deles afirma que "nossas nações não desejam ver mudanças territoriais que não estejam de acordo com a vontade livremente expressa dos povos em questão". O terceiro declara que o signatários "respeitam o direitos de todos os povos de escolher a forma de governo sob a qual irão viver" e desejam "ver os direitos soberanos e o auto-governo devolvidos aos que foram privados deles à força".

É amplamente aceita nos Estados Unidos uma crença que faz com que seja difícil para as outras nações cooperar conosco: a de que os problemas mundiais podem ser resolvidos por meio de *slogans* ou princípios idealizados, mesmo quando estes não se aplicam às situações concretas. As dificuldades causadas pela aplicação de alguns de nossos ideais a outras nações podem ser avaliadas se levarmos em conta os diferentes sentidos conferidos à democracia e à liberdade de imprensa nos Estados Unidos e na Rússia.

Ao se referir à democracia, os russos tendem a usar uma fraseologia padronizada. Um bom exemplo é fornecido pela seguinte citação, retirada de um artigo intitulado *A democracia soviética*, de autoria do professor V. Baushko e publicado no *Soviet News* de 3 de novembro de 1945:

> Não pode haver democracia consistente em países burgueses – nem mesmo naqueles cujas constituições proclamam esses direitos. Sempre que a sociedade é dividida entre explorados e exploradores, não pode haver igualdade (...) Não pode haver liberdade de expressão, de imprensa ou de associação para os trabalhadores se as gráficas, os jornais e até mesmo os locais de reunião pertencem à burguesia (...)
>
> Na URSS, por outro lado, todo o poder governamental pertence ao povo, a exploração do homem pelo homem foi eliminada, não há classes de exploradores, os direitos e liberdades democráticas são garantidos pela economia socialista... os ódios de raça e de classe foram erradicados e suplantados pela amizade nas relações entre os povos, enquanto a ciência e a cultura foram colocados a serviço do povo.

Acreditamos que, nos Estados balcânicos e no Japão, os povos devam ter formas democráticas de governo, e a Rússia parece ser da mesma opinião. Ao propormos um governo democrático para o Japão, tomamos como base a nossa própria democracia, mas não concordamos que a Rússia proponha, para os Estados balcânicos conquistados e liberados, formas de governos calcadas em sua própria concepção de democracia. Para que possamos conviver bem com outras nações que têm ideais diferentes dos nossos, não podemos insistir que nossos conceitos de liberdade e democracia venham a prevalecer por toda a parte. Questões dessa natureza exigem conciliação e sabedoria na arte de governar. Elas não podem ser resolvidas com base em *slogans*.

A liberdade de imprensa é outro ponto em que diferimos da Rússia. O trecho a seguir foi retirado do pronunciamento de Molotov, proferido em 6 de novembro de 1945, por ocasião do vigésimo-oitavo aniversário da Revolução de Outubro.

A força do sistema soviético reside em sua proximidade com o povo. Diferentemente da democracia parlamentar, a democracia soviética é de caráter verdadeiramente popular. O Estado soviético, portanto, como um novo tipo de Estado, tem incumbências que não são inerentes aos Estados do tipo antigo. Assim, entre os deveres do Estado soviético, inclui-se a educação política do povo soviético, no espírito de salvaguardar os interesses da paz mundial, no espírito de estabelecer relações de amizade e cooperação entre os povos, o que (...) exige o desmascaramento de todas as tentativas de preparar uma nova agressão e de regenerar o fascismo (...) Nos termos da Constituição Soviética, é crime pregar o ódio entre as nações, o anti-semitismo etc., da mesma forma que o elogio do crime, dos roubos e da violência contra os homens é proibido em nossa imprensa. Essas "restrições" são tão naturais sob a democracia soviética quanto coisas bem opostas, infelizmente, são naturais para alguns outros Estados. Em alguns países, a liberdade de expressão e a liberdade da imprensa ainda são interpretadas de forma tal que os servidores mercenários do fascismo não precisam sequer usar máscaras para levar adiante uma propaganda desenfreada da agressão e do fascismo (...)

É claro que os russos têm um conceito de liberdade de imprensa radicalmente diferente do que prevalece na América. Nós, de modo algum, podemos exigir que, em consonância com a primeira das Quatro Liberdades, a nossa espécie de liberdade de imprensa tenha que existir "em todo o mundo". Os russos não vêem por que razão suas idéias sobre o assunto não devam se aplicar aos Estados balcânicos, se as nossas devem prevalecer no Japão.

Os americanos não costumam confiar na imprensa russa porque ela é controlada pelo governo, mas não reconhecemos que um grande número de notícias distorcidas é introduzido em nossos jornais até mesmo por agências de propaganda mal-intencionadas. Um bom exemplo foi a notícia publicada e reiterada pelo secretário de Estado Stettinius na Conferência de São Francisco, de que dezesseis poloneses que representavam o governo da Polônia em Londres haviam sido convidados para uma conferência na Rússia, onde foram presos e estavam indo a julgamento. Essa declaração, mais tarde, foi desmentida por Stettinius. O embaixador Harriman, em Moscou, nos disse que os dezesseis poloneses não haviam sido convidados para uma conferência, mas sim presos na Polônia por estarem distribuindo armas a serem usadas contra os russos. Assisti a algumas sessões do julgamento dos poloneses. Acredito que eles tiveram um julgamento justo. Muitos deles foram absolvidos. A pena máxima foi de dez anos de prisão. Os réus sentiam orgulho por seus atos contra a Rússia, e um deles declarou que estava pronto a lutar contra ela, se isso fosse necessário para ajudar a Polônia a conseguir uma saída para o mar Negro. Nunca encontrei, na América, alguém que tivesse sabido de algum desmentido da falsa versão originalmente publicada. Talvez um desmentido com esse teor tenha sido publicado de forma a passar despercebido. Esse tipo de deslealdade produz péssimos efeitos em nossas relações com a Rússia.

É altamente desejável que discussões francas sejam estabelecidas entre o governo russo e o governo americano sobre os efeitos perturbadores de nossos diferentes conceitos de democracia e liberdade de imprensa. Uma das causas da falta de compreensão mútua entre os Estados Unidos e a Rússia é o fato de que tão poucas pessoas de um país chegam a visitar o outro. Edgar Snow, recentemente, chamou atenção para o fato de que há apenas 260 americanos na Rússia, e cerca de 2 mil portadores de passaportes russos nos Estados Unidos. A facilitação das viagens entre os dois países seria uma grande ajuda. É animador perceber que Molotov, em seu pronunciamento de 6 de novembro, reconheceu que esse intercâmbio seria desejável. Segundo ele, "conhecer a vida de outras nações certamente seria benéfico para nosso povo e ampliaria sua perspectiva".

A suspensão das restrições sobre a circulação de jornais e periódicos americanos na Rússia, e de artigos russos nos Estados Unidos, dará ensejo a relações muito melhores entre os dois países. Temos que nos lembrar que, em nosso próprio país, qualquer pessoa que fale demasiadamente da Rússia, ou demonstre aprovar as práticas daquele país, arrisca-se a ser "investigado" pelo Comitê de Atividades Anti-americanas da Câmara. Um sinal animador ocorreu em data recente, quando a Rússia convidou correspondentes da imprensa estrangeira a visitarem todas as regiões do território sob ocupação russa.

Uma das recomendações colocadas na declaração de 16 de novembro foi a de que deveria haver intercâmbio de cientistas e de informações científicas entre as nações. A Rússia deu início a esse intercâmbio em junho de 1945, ao convidar cerca de 120 cientistas estrangeiros para uma visita ao país, colocando à disposição destes informações completas sobre seu trabalho científico.

Na Rússia, a maioria dos artigos científicos importantes são publicados tanto em russo como em inglês. A língua inglesa começou a ser ensinada a todos os alunos das escolas russas, até mesmo na Sibéria. Os russos são leitores inveterados e, caso possam ler livros e revistas em inglês, um grande passo em direção a uma melhor compreensão mútua terá sido dado.

Os problemas de inspeção

Um intercâmbio de cientistas também prepararia o caminho para métodos eficazes de inspeção, que provavelmente serão necessários para que o controle internacional venha a funcionar bem. O Dr. Szilard detalha essa questão em um capítulo posterior deste livro, mas eu gostaria de acrescentar algumas observações sobre certos aspectos específicos.

Creio que se existir um desejo sincero de segurança por parte de todas as nações, elas insistirão na necessidade da criação de um forte sistema de inspeções. Esse sistema poderia abranger a inspeção das fontes de urânio e, é claro, das fábricas que produzem os materiais usados na energia atômica.

Como apontado por Bernard Brodie (*The atomic bomb and american security*, publicado pelo Yale Institute of International Studies, 1945) e enfaticamente reafirmado pelo Dr. Urey em seu depoimento frente à Comissão de Energia Atômica do Senado, essa inspeção seria grandemente facilitada se não existissem grandes usinas para a fabricação de U-235 ou plutônio.

Em tempos de paz, os maiores benefícios a serem derivados de nossos novos conhecimentos sobre as reações nucleares provavelmente decorrerão de seus efeitos indiretos de acelerar os progressos científicos que levarão a grandes descobertas na biologia, na química e na física. É muito provável que esses benefícios venham a ser obtidos a partir da produção de substâncias radioativas em pequena escala, por uma ou duas pilhas. O uso da energia atômica em larga escala implicaria a produção de materiais que poderiam ser rapidamente convertidos para o uso em bombas atômicas. Isso representaria um grave problema para as inspeções. O uso comercial da energia atômica como substituto do carvão ou do petróleo será, por muitos anos, um assunto de importância trivial, se comparado com os perigos que resultariam da existência de bombas atômicas.

Seria portanto desejável destruir todas as bombas atômicas, todas as grandes usinas destinadas a sua fabricação e todas as reservas de elementos de U-235 e plutônio, caso estas venham a se constituir em obstáculos graves à consecução de um controle internacional efetivo e às inspeções necessárias para tal.

Foi proposto que os estoques atômicos deveriam ser entregues ao Conselho de Segurança da Organização das Nações Unidas. É difícil imaginar que uma reserva de bombas atômicas venha a servir a algum propósito útil. As bombas atômicas não são uma arma policial.

Se um processo gradual vier a criar um controle internacional das armas atômicas como todos nós desejamos, a confiança mundial irá aumentar e terá sido então estabelecido um mecanismo através do qual outras armas possam vir a ser proibidas ou controladas. É possível que, algum dia venhamos a encarar a bomba atômica como a descoberta que possibilitou à humanidade pôr fim a todas as guerras.

11

O QUE ISSO TUDO QUER DIZER?

Harold C. Urey

HAROLD C. UREY ganhou o prêmio Nobel de Química em 1934 por sua descoberta do hidrogênio pesado. Tornou-se membro da Comissão do Urânio em junho de 1940 e, a partir de então, dirigiu o trabalho do projeto sobre a separação do U-235 pelos métodos de difusão centrífuga e gasosa, na Universidade de Columbia. Hoje leciona na Universidade de Chicago.

Durante o século XIX, foram desenvolvidos os elementos e as técnicas da produção em massa. Eles foram aperfeiçoados e explorados para fins pacíficos durante o presente século, principalmente em nosso país, e hoje praticamente tudo o que usamos é produzido em massa. Sem esses métodos, o alto padrão de vida dos Estados Unidos seria impossível e, graças a eles, um padrão de vida semelhante é possível em todos os países suficientemente dotados de recursos. Durante o século atual, muitas descobertas científicas e de engenharia contribuíram para que esse alto padrão de vida fosse alcançado.

Infelizmente, os métodos de produção em massa e as descobertas científicas também foram usados para fins bélicos. Para aplicar esses métodos e descobertas a um fim específico, precisamos ter a oportunidade de praticá-los. A Primeira Guerra Mundial nos ofereceu a primeira oportunidade de adaptar a produção em massa para fins bélicos. Mas, daquela vez, o curso sobre a arte da destruição em massa foi apenas de nível elementar. A oportunidade de um curso avançado veio com a Segunda Guerra Mundial e, a seu término, todas as lições haviam sido bem aprendidas. Hoje, possuímos o conhecimento científico, o talento, a experiência na área das engenharias e o *know-how* industrial necessários para guerrear nos moldes da verdadeira produção em massa. Uma guerra futura seria tão diferente da que acabou de findar quanto um automóvel moderno é diferente de um Ford-T ou, talvez, de uma charrete puxada a cavalo. Uma futura guerra alcançaria tanto êxito em termos de destruição que muito pouco sobraria das bases físicas e humanas de nossa civilização. E a razão para tal é que nossas técnicas científicas e de produção em massa agora incluem a bomba atômica e, provavelmente, outras armas que ainda não chegaram ao conhecimento do público em geral.

Entre as armas que aqui nos interessam especialmente incluem-se o avião, a bomba voadora não tripulada (V-1), a bomba foguete (V-2) e a bomba atômica. É possível que outros métodos que se prestem ao lançamento de bombas atômicas estejam em processo de desenvolvimento, não sendo ainda de domínio público. E ainda outros métodos podem vir a ser desenvolvidos no futuro. O bombardeiro B-29 foi o único avião usado na última guerra para o lançamento da bomba atômica, mas a combinação dessas duas armas gerou condições que foram intoleráveis para o Japão. No futuro, a produção em massa dessas armas fará com que a guerra se torne intolerável para todos os povos do mundo. Isso não significa que não haverá mais guerras, mas apenas que a guerra, provavelmente, não irá durar muito, devido à vasta destruição que será conseguida de maneira rápida e decisiva.

Recapitulemos os fatos relativos à bomba atômica, da forma como hoje os percebemos, e tal como nos foram apresentados nos capítulos anteriores deste livro.

Em razão do tremendo aumento de sua eficácia, que torna praticamente inúteis e completamente ineficazes todas as formas de defesa conhecidas ou previsíveis, a bomba atômica não deve ser vista apenas como uma arma a mais. No passado, muitas novas armas foram inventadas e, em muitos casos, aumentaram em muito a eficácia do ataque em relação à defesa. Mas nossas atuais defesas contra a bomba atômica são tão eficazes quanto um exército romano – armado de lanças, dardos e escudos – guerreando contra um exército moderno equipado com metralhadoras. Num intervalo de poucos anos, a bomba atômica e os aviões modernos que a portam aumentaram a vantagem do ataque em um grau que, no passado, levou-se mil anos para atingir. Essas armas são capazes de destruir todas as defesas que atualmente somos capazes de criar.

No capítulo 7, o Dr. Ridenour discutiu em detalhes essa questão da defesa contra a bomba atômica. Ainda assim, muitos acreditam que sempre haverá uma defesa contra cada nova arma. Sempre haverá uma exceção para esse tipo de regra fácil. Mas será que essa afirmação é verdadeira em um sentido que seja de interesse para nós? Existe uma defesa contra balas? Talvez, mas elas mataram muitos homens na última guerra. Existe uma defesa contra submarinos? Sim, certamente. Mas, durante esta última guerra, eles destruíram grande parte das marinhas de todos os países. Existe uma defesa contra aviões? É claro que existem defesas conhecidas, mas apenas os Estados Unidos, entre os principais países que combateram na Segunda Guerra Mundial, escaparam de sofrer danos graves ou destruição praticamente total de suas cidades. É possível responder de forma semelhante a perguntas sobre tanques, navios de guerra e outras armas, grandes ou pequenas.

As armas deixam de ser usadas nas guerras quando são sobrepujadas por outras mais eficazes, mas, enquanto usadas, produzem danos reais, apesar das defesas mobilizadas contra elas e de maneira bastante proporcional à sua capacidade de infligir danos. Quando armas mais destrutivas que as bombas atômicas forem desenvolvidas, estas deixarão de ser usadas, mas até que isso aconteça, continuarão a destruir muitos quilômetros quadrados de cidades para cada bomba detonada. Talvez uma pergunta possa deixar mais claro o nosso argumento. Alguém poderia imaginar uma defesa tão eficaz a ponto de, em algum momento futuro, um país como os Estados Unidos decidir interromper a produção de bombas atômicas porque as defesas contra elas tornam pouco recomendável a sua fabricação, por razões puramente militares? Creio que não. Se estas deixarem de ser fabricadas no futuro, será por outras razões que não a eficácia da defesa. Não existem defesas militares contra ela, e nenhuma virá a ser inventada. As bombas atômicas são capazes de destruir as cidades do mundo e irão destruí-las, caso sejam usadas numa outra guerra.

Essa tese pressupõe que bombas atômicas possam ser fabricadas em números suficientes e a um custo baixo o bastante para permitir seu uso numa próxima guerra. Infelizmente, ambas as suposições estão corretas. Os métodos de produção em massa, que hoje proporcionam nosso alto padrão de vida, nossos automóveis, usinas de energia, produtos químicos, equipamentos eletrônicos etc., possibilitam a produção de bombas atômicas em grandes números e a baixo custo. De fato, no futuro, a guerra será mais barata, no que diz respeito à produção e ao uso de armas, e muito mais cara, do ponto de vista da destruição provocada. Mesmo países pequenos podem vir a produzir tais bombas em grande quantidade, caso sejam tolos o bastante para se engajar nessa empreitada mortífera. Eles não o farão porque sabem que, se as bombas vierem de fato a ser usadas, eles seriam totalmente arrasados. Só os países industrializados mais poderosos parecem não perceber que, frente a essa arma, todos os países são pequenos e fracos. Já antes da última guerra, os países pequenos deram-se conta de que tinham que conviver bem com seus vizinhos. O baixo custo das armas atômicas com relação a seu poder de destruição exige agora que *todos* os países aprendam a conviver entre si.

Pergunta-se: será que outros países, além da Inglaterra e dos Estados Unidos, seriam capazes de produzir essas bombas? E a resposta é: claro que sim. Qual arma já criada pelo homem permaneceu sob a posse exclusiva de seu país de origem? A produção de bombas atômicas é uma empreitada difícil e complexa, o que, entretanto, também vale para a produção de tanques, aviões e outras das principais armas de guerra. Os Estados Unidos são a maior potência industrial dos tempos atuais, sendo capazes, como de fato o foram, de produzir essas armas em ritmo mais rápido que qualquer outro país. Mas seria absurdo de nossa parte supor que outros países não possam aprender todos os detalhes de sua fabricação, e até mesmo aperfeiçoar seus métodos. Se os povos dos Estados Unidos e da Inglaterra acreditarem no contrário, estarão se deixando enredar na mais perigosa das ilusões.

Quanto tempo levará para que outros países venham a produzir essas armas? As estimativas variam. A maior parte dos cientistas e técnicos que ajudaram a produzir as bombas imaginam entre cinco e dez anos; alguns acham que levará menos, e outros, que levará mais. Os Dr. Seitz e o Dr. Bethe, no capítulo 9, apresentam razões convincentes para sua estimativa de seis anos ou menos. Esperemos que o prazo seja o maior possível, pois isso nos daria mais tempo para encontrar uma solução para o problema como um todo.

Alguns já sugeriram que os Estados Unidos estariam seguros se pudessem se manter à frente dos outros países no desenvolvimento e na produção de armas atômicas. Não podemos ter certeza de que nosso país conseguiria manter essa dianteira por muito tempo, e certamente não seria para sempre, pois outros, com toda a certeza, acabariam por nos alcançar, e talvez em menos tempo do que supomos. Mas examinemos mais a fundo essa sugestão. Suponhamos que os Estados Unidos consigam se manter à frente dos outros países em termos do número e da eficácia das bombas. De que isso nos serviria? Temos planos de atacar outros países num momento favorável? Após o ataque, teríamos que ocupar esses países com nossos exércitos a fim de evitar uma futura produção de bombas. Um povo que representa cerca de 7% da população mundial teria que manter um domínio férreo sobre todos os outros povos do mundo. É pouco provável que venhamos a optar livremente por esse papel se tivermos total compreensão das responsabilidades e das dificuldades envolvidas, para não mencionar considerações de outros tipos.

Mais adiante, quando outros países tiverem conseguido bombas atômicas em número suficiente para destruir cidades e outros alvos estratégicos de nosso país, nós nos veríamos em condições de destruir suas cidades, e de nada nos adiantaria ter bombas suficientes para destruir esses alvos mais que uma única vez. Quando viermos a possuir bombas atômicas em número suficiente para destruir todos os grandes alvos militares de qualquer inimigo potencial, bombas adicionais de nada servirão. Se nosso hipotético inimigo possuir bombas suficientes para destruir nossos alvos militares, como nos seria possível manter a dianteira sobre ele? As bombas atômicas são um caso à parte. É possível fabricá-las em quantidades suficientes para arrasar por completo todos os alvos possíveis e matar os habitantes de todas as principais cidades de qualquer país. Mas seria impossível destruir esses alvos ou matar essas pessoas duas vezes. Conseqüentemente, numa guerra atômica, não podemos ter esperança de nos manter à frente dos outros países.

Retornamos, então, às medidas defensivas, mais especificamente à dispersão das cidades e à construção de subterrâneos. A primeira delas parece ser a única defesa eficaz até hoje proposta, mesmo em se tratando apenas de um paliativo, meramente uma forma de amenizar os efeitos de um possível ataque. Os custos dessa dispersão seriam altos, da mesma ordem que os da Segunda Guerra Mundial para nós, em razão da necessidade de deslocar residências, indústrias e redes de transportes. A dispersão, além disso, prejudicaria a eficiência de nosso sistema industrial, uma vez que as indústrias, normalmente, se localizam em função de vantagens econômicas como meios de transporte naturais e disponibilidade de energia ou matéria-prima. Em vários processos industriais, a concentração costuma ser muito vantajosa e, para muitos setores, ela é essencial.

Os problemas psicológicos provocados pela dispersão das cidades seriam grandes. Muitos de nós, e talvez a maioria, por uma razão ou por outra, gostamos dos lugares e das condições em que vivemos, mesmo que às vezes seja difícil entender as razões alheias para essa preferência. A dispersão afetaria cada um de nós de forma muito direta. A decisão de implantar um programa como esse jamais seria unânime e, possivelmente, seria apoiada apenas por uma maioria simples, e contestada pela oposição vigorosa de uma enfática minoria. Foram apresentadas propostas de uma dispersão que pode e deve ser efetivada em quinze anos. Esse prazo parece excessivamente curto, mas, frente à ameaça sob a qual vivemos, é bem possível que venhamos a acatá-lo. A execução desse plano provavelmente exigiria um regime ditatorial. E, mesmo assim, não estaríamos total e definitivamente protegidos, já que um inimigo determinado, de posse de bombas de potência um pouco maior, ainda assim poderia destruir nossa economia e nosso povo. A bomba atômica já é uma arma muito eficaz e barata, e é bem provável que, com o tempo, se torne ainda mais eficaz e ainda mais barata.

Talvez possamos criar instalações subterrâneas para as indústrias de importância estratégica, mas para quê? Isso não impediria a dizimação da população vivendo na superfície e, além disso, se os estabelecimentos e as instalações militares não forem capazes de proteger os cidadãos de um país, de que servem eles, e por que evitar a sua destruição? Se a marinha, o exército, a Força Aérea e as bombas atômicas não forem capazes de proteger os cidadãos e os bens de um país, que importância teria elas serem ou não capazes de proteger a si mesmas?

Este livro trata basicamente da ameaça militar representada pela energia atômica, e não de seus usos pacíficos, mas esses possíveis usos estão relacionados a suas aplicações militares. É possível obter material radioativo para usos médicos sem a necessidade de grandes usinas contendo grandes quantidades de materiais físseis, como U-235 ou plutônio, por exemplo. No entanto, é absolutamente necessário que as usinas de energia atômica contenham esses materiais em quantidade suficiente para a fabricação de bombas. O desvio desses materiais para uso na fabricação de bombas clandestinas pode ser relativamente fácil, uma vez que todas as usinas químicas perdem algum material, e essas perdas variam de usina a usina. A falsificação de dados seria relativamente simples, se os responsáveis pela operação da usina assim o desejassem. O sistema de inspeção necessário para impedir o desvio de materiais das usinas em funcionamento teria que ser ainda mais rigoroso que o destinado a impedir a construção de usinas clandestinas. A possibilidade de desvio de materiais físseis, além disso, não ajudaria a inspirar confiança nos povos do mundo. E, como a confiança no funcionamento do controle internacional de bombas atômicas é de importância tão vital, todo o possível deve ser feito para, antes de mais nada, gerar essa confiança. Se, algum dia, conseguirmos criar condições adequadas para esse controle e conquistar a confiança do mundo como um todo, poderemos então pensar em colocar em funcionamento usinas de energia atômica, mas não antes.

Examinemos brevemente o que se perderia caso resolvêssemos que nenhuma usina de larga escala seria instalada em qualquer país do mundo até que o controle internacional fosse instituído e um grau razoável de confiança se estabelecesse. O capítulo 4 analisa essa situação em detalhe e, com base no que foi dito ali, seria impossível afirmar com algum grau de veracidade que o uso imediato da energia atômica teria grande importância econômica. De qualquer forma, o mais lógico seria que a energia atômica fosse usada, primeiramente, em locais onde outras fontes de energia não estejam disponíveis, como por exemplo no norte do Canadá, na Bacia Amazônica e em outros lugares onde petróleo ou carvão mineral nunca foram encontrados. Os navios poderiam usar energia atômica para evitar reabastecimentos e armazenagem de combustíveis, mas é pouco provável que essa alternativa venha a ser econômica no curto prazo.

O consumo de energia atômica seria mais provável em navios de guerra que em outros tipos de embarcação, uma vez que o fator econômico não é tão importante, nesse caso. No entanto, se planejamos construir e operar navios de guerra, estaremos tomando a decisão de nos preparar para guerras futuras. A lógica exigiria, então, que nos decidíssemos por construir bombas atômicas maiores e melhores, pois outros irão usar essas bombas, caso venhamos a ameaçá-los com o uso de navios de guerra ou outros equipamentos bélicos. Se a energia atômica for desenvolvida para navios de guerra, o mundo, inevitavelmente, retornará à corrida armamentista, e o problema, mais uma vez, será o uso dessas bombas e a defesa contra elas. O controle das bombas atômicas tem, inevitavelmente, que levar ao controle da totalidade dos armamentos. É tolice pensar em controlar apenas a fabricação de bombas atômicas e deixar que as guerras prossigam com armas de outros tipos, até que as fábricas de bombas atômicas possam ser postas em operação para pôr fim a essas guerras. Nada além da total abolição das guerras poderá impedir que bombas atômicas venham a ser usadas. O uso da energia atômica em navios de guerra, em especial, tornaria extremamente complexo o controle do uso militar da energia atômica e, como nem seria necessário acrescentar, praticamente impediria o grau de confiança tão necessário para esse controle.

O adiamento do uso da energia atômica até que as grandes usinas entrassem em operação facilitaria o controle da bomba atômica. Esse é um preço pequeno a ser pago por um objetivo tão desejável. Já o adiamento do uso de materiais radioativos não seria necessário.

Liberdade versus *corrida armamentista atômica*

Os cidadãos dos Estados Unidos, com razão, orgulham-se da liberdade pessoal de que desfrutam. Essa liberdade foi celebrada em verso e prosa desde os primeiros dias da república. A primeira linha de nossa Declaração de Independência a cita. Ela é repetidamente louvada em discursos oficiais por todo o país, em todas as ocasiões públicas. Sempre foi imperfeita, e praticamente cada indivíduo, em algum momento de sua vida – ou ao longo de toda sua vida, no caso de alguns setores da população – já foi vítima de alguma violação de seus princípios. Mas, levando em conta o número de pessoas que vivem no país e seus séculos de existência, nossa liberdade pessoal representa uma parcela desproporcional de toda a liberdade que já existiu na história da humanidade.

São muitas as circunstâncias que nos trouxeram a esse estado de coisas. As tradições dos primeiros pioneiros a se estabelecerem no país devem ser lembradas. A liberdade política começou com a Magna Carta inglesa. Porém, de modo geral, o povo de nosso país conquistou sua liberdade de forma mais rápida e num grau maior que seus irmãos de sangue europeus. A razão para tal, em grande medida, foi a segurança contra agressões externas oferecida pela vasta extensão do oceano Atlântico. Assim protegidos, fomos capazes de resolver nossos problemas internos sem o risco de sermos esmagados por alguma potência estrangeira, mesmo durante uma longa e debilitante Guerra Civil.

Com o aperfeiçoamento dos transportes e, especialmente, a descoberta e o desenvolvimento dos transportes aéreos, o isolamento resultante de nossa defesa marítima se desfez. Atualmente, ele não existe mais. Duas vezes, neste século, o país se viu obrigado a defender-se e a seus interesses vitais enviando seus filhos para lutar na Europa e, nesta última guerra, também na Ásia. O mesmo ocorreu com outros países em situação semelhante, como o Canadá, a Austrália e a Nova Zelândia.

Com o advento dos aviões modernos e, agora, das bombas atômicas, todas as defesas naturais de todos os países do mundo simplesmente desapareceram. Rios, montanhas e oceanos deixaram de ter valor como barreiras defensivas, e nunca mais voltarão a tê-lo. Com a eliminação dessas defesas, a liberdade de nosso país será colocada sob séria ameaça, que, na verdade, já se faz sentir. Desde os primórdios de nossa história, conhecíamos a dimensão de nossas forças armadas. Hoje, nós e nossos representantes eleitos não fazemos idéia do tamanho de nosso poderio militar. Bombas atômicas vêm sendo fabricadas em quantidades desconhecidas por nós, e essas bombas representam um poder de fogo equivalente a uma marinha, um grande exército ou uma Força Aérea. Nem mesmo o Congresso conhece a extensão desse poderio, que representa uma ameaça a outros países e afeta fortemente nossas relações com o resto do mundo.

Se a corrida armamentista atômica continuar – ela já vem ocorrendo – os cidadãos do país saberão cada vez menos sobre questões vitais dessa natureza e, por fim, terão que aceitar cegamente as decisões políticas tomadas pelos poucos homens que detêm o poder. Sem conhecer o tamanho de seu poderio militar, o povo do país terá que confiar aos homens de Washington todas as decisões importantes, decisões essas que antes eram tomadas por seus representantes eleitos. Caudilhos não tardarão a surgir na vida política. Basta observar a tentativa de assegurar a aprovação do Projeto de Lei May-Johnson sem que as audiências necessárias fossem realizadas no Congresso. Temos aqui um projeto de lei oriundo do departamento de Guerra que propõe transferir a totalidade do controle sobre a energia atômica para alguns poucos homens, cujos atos estariam protegidos de qualquer exame público por cláusulas de segurança reforçadas pelas penalidades mais drásticas. Se essa legislação ou qualquer outra de teor semelhante for aprovada pelo Congresso e ratificada pelo presidente, a primeira abdicação dos direitos soberanos do povo dos Estados Unidos terá ocorrido. Na verdade, o Projeto de Lei May-Johnson é semelhante, em intenção e efeito, à transferência para Hitler do poder do Reichstag alemão, embora, obviamente, não chegue a, de uma única tacada, destruir por completo o governo representativo. Muitos não perceberam o significado amplo e trágico dessa lei. Ela, decididamente, marcou o início do fim de nosso governo representativo e da Carta de Direitos contida em nossa Constituição.

Por que essas coisas aconteceram? A resposta é o medo. A bomba atômica é uma ameaça tão grave para todos os homens de todos os países que maneiras frenéticas e desesperadas foram propostas para lidar com o problema. Se a corrida armamentista continuar, coisas como essas passarão a acontecer com freqüência cada vez maior. Ficamos com medo e destruímos a liberdade da ciência. Tememos outros países e fazemos segredo do número de nossas bombas atômicas. Tememos que bombas sejam contrabandeadas para dentro de nossas cidades e tememos a possibilidade de ter que criar uma polícia secreta para detectar essas bombas. Tememos ataques contra nossas cidades e pensamos em dispersá-las, à revelia de sua população urbana e da população das zonas rurais para onde elas serão transferidas. Tememos ataques externos repentinos e transferimos o direito de declarar guerra do Congresso para um único homem, e esse homem, seja ele quem for, será afetado por esse poder. Se tornará um ditador. O poder absoluto corrompe absolutamente.

Essa mesma tendência se manifestará em todos os países, e o resultado será um mundo imerso em medo mortífero. De todos os países, entretanto, os mais industrializados serão os mais vulneráveis e os que mais riscos correm de virem a ser alvos de ataques atômicos. Essas armas puseram fim à Segunda Guerra Mundial e, simultaneamente, eliminaram as defesas dos Estados Unidos. Elas, além disso, ameaçam nossa liberdade.

Mas por que tremer frente a essas ameaças? Não seria melhor assumir vigorosamente o controle da situação e partir para a ofensiva? Os Estados Unidos poderão se aliar a tantos países do mundo quanto for possível, e liderá-los na conquista dos restantes. Numa empreitada como essa, o país teria que fornecer o grosso das tropas e dos recursos materiais. Grandes esforços e muito sacrifício seriam necessários. Supondo-se que houvesse vontade para tal e que um resultado exitoso fosse alcançado, nossa nação tornar-se-ia o país mais odiado do mundo, e esse ódio duraria um século, talvez mais. Ao longo de todo esse tempo, vigilância constante seria necessária para impedir rebeliões nas terras conquistadas. Nosso povo acabaria brutalizado, como sempre acontece com os conquistadores. Essa não é uma solução atraente, e, com nossas tradições sendo o que são, seria impossível assegurar que nossa população tivesse a disposição e a determinação necessárias para levar a cabo esse programa. Embora todas as propostas de solução para a bomba atômica sejam difíceis, acredito que esta seja, de todas, a mais inviável.

O aparecimento da bomba atômica provocou uma interminável perplexidade no pensamento dos homens, e essa perplexidade vem afetando um número cada vez maior de pessoas, na medida em que elas começam a se dar conta das implicações da nova arma. O que querem dizer esses fatos?

Os povos do mundo têm agora em suas mãos uma arma de dimensões e destrutividade transcendentes. O conhecimento da existência dessa arma e dos métodos usados em sua produção jamais serão perdidos. Nunca mais ela poderá ser devolvida à esfera do desconhecido. As bombas podem ser fabricadas em grandes números – e a baixo preço. Não existe defesa contra elas. Elas são capazes de provocar uma destruição física que ultrapassa nossa capacidade de compreensão. O medo que nos causam irá corroer nossa liberdade. Partir para a ofensiva e tentar dominar o mundo arruinaria nossas vidas inteiras, e as vidas das gerações futuras.

Civilizações surgiram e tombaram repetidas vezes na história do mundo. Todos nos lembramos de exemplos como o Império Babilônico, a antiga civilização egípcia, o Império Romano e, em nosso hemisfério, os impérios dos Incas e dos Maias. É de se esperar que o futuro também venha a assistir ascensões e quedas. A guerra tecnológica moderna, tal como desenvolvida pela civilização européia da qual fazemos parte, pode causar sua completa desintegração. Uma guerra mundial onde armas atômicas fossem usadas poderia perfeitamente enfraquecer todos os países e todos os povos a ponto de eles serem incapazes de sobrevivência futura. E essas armas de destruição em massa podem destruir não apenas nossa própria cultura, mas também todas as civilizações que existem hoje no mundo, retardando-as e enfraquecendo-as por séculos a fio.

Tudo isso significa a situação mais perigosa que a humanidade jamais enfrentou em toda a sua história.

Nota

Os autores dos diversos capítulos da primeira parte deste livro tentaram apresentar os fatos sobre a bomba atômica e descrever a grave situação em que esses fatos nos colocaram. De que forma a ameaça da bomba atômica poderia ser eliminada? Essa é uma pergunta dirigida não apenas aos físicos, mas também a todas as pessoas de nosso mundo. Os estadistas e os especialistas em relações internacionais, em questões governamentais, em economia política e em todas as ciências sociais têm que se manifestar, e suas propostas têm que ser discutidas e avaliadas em um grande debate público.

O problema de como evitar um desastre atômico ainda é muito recente. Neste momento, tudo o que podemos esperar são ensaios de soluções, e mesmo estes não serão detalhados nem concretos. Nos capítulos seguintes, são apresentadas algumas abordagens gerais a esse problema. Conforme será verificado, algumas delas diferem em alguns pontos, enquanto outras são diametralmente opostas entre si. No entanto, podem servir como ponto de partida para discussões e debates fecundos. Os pontos de vista colocados não são necessariamente endossados por todos os demais autores. Seria justo afirmar, contudo, que todos eles estão unidos no desejo por "um único mundo" e, para tanto, todos recomendam enfaticamente uma reflexão imparcial e cuidadosa sobre as propostas aqui apresentadas.

Os organizadores.

12

SERIA POSSÍVEL EVITAR UMA CORRIDA ARMAMENTISTA POR MEIO DE UM SISTEMA DE INSPEÇÕES?

Leo Szilard

LEO SZILARD, nascido em Budapeste, trabalhou na Alemanha até a ascensão de Hitler e, em seguida, na Inglaterra (em Oxford). Em 1939, já na Universidade de Columbia, seus experimentos foram de importância fundamental para o projeto do urânio, e sua visão de futuro foi em grande parte responsável pelo apoio do governo ao projeto. Desde 1941, vem trabalhando no Laboratório Metalúrgico de Chicago.

É de se esperar que conflitos de interesses entre as grandes potências venham a surgir no futuro da mesma forma como surgiram no passado, e não existe no mundo uma autoridade com o poder de adjudicar esses conflitos e exigir a aplicação de sua sentença, caso as potências envolvidas não sejam capazes de resolver suas diferenças. Na ausência dessa autoridade mundial, talvez fosse possível chegar a uma solução justa para esses conflitos de interesses por meio de negociações diretas, caso houvesse princípios universalmente aceitos de legalidade e justiça aos quais as partes pudessem recorrer. Mas, até hoje, essa aceitação universal de princípios gerais ainda não ocorreu. Ao invés disso, as negociações têm lugar à sombra do poderio militar que as grandes potências conseguem reunir. Em tais circunstâncias, as grandes potências são inevitavelmente levadas à prática da política de poder e, enquanto esse estado de coisas vigorar, o perigo de guerra estará presente.

Contra esse cenário, a existência das bombas atômicas aumenta ainda mais o risco de guerras virem a ocorrer. Se dois países – usemos como exemplo os dois mais poderosos, os Estados Unidos e a Rússia – acumularem grandes estoques de bombas atômicas, é provável que uma guerra venha a eclodir mesmo que nenhum deles deseje lutar.

Até onde podemos avançar, nas circunstâncias presentes, nessa tentativa de evitar o perigo de uma corrida armamentista – quer dizer, sem levar em conta possíveis mudanças na organização geral da paz que hoje possuímos sob a Organização das Nações Unidas?

Se os Estados Unidos e a Rússia chegassem a um acordo quanto à eliminação de seus estoques atômicos e à interrupção da fabricação de bombas atômicas nos territórios de ambos os países, é muito provável que esse acordo fosse aceitável às demais potências mundiais, podendo ser estendido a elas ou, pelo menos, às nações cuja colaboração voluntária seria necessária.

Se os Estados Unidos, a Rússia e outras nações chegarem de fato a estabelecer um acordo nesses termos, a corrida armamentista poderia ser adiada e provavelmente evitada, contanto que a possibilidade de violações clandestinas estivesse fora de questão. Até que possamos contar com uma autoridade mundial capaz de exigir observância por parte das grandes potências, talvez fosse melhor permitir que as potências mantivessem o direito legal de, a qualquer momento, revogar esse acordo.

O acordo deveria prever a concessão do direito de inspeção a uma agência internacional vinculada à Organização das Nações Unidas. Há diversas maneiras de fazer com que essas inspeções tenham eficácia e, embora nenhum desses métodos seja infalível, a aplicação conjunta de diversos deles poderia fazer com que qualquer violação se convertesse numa empreitada extremamente perigosa.

Inspeções de minérios

Levantamentos aéreos, que, durante a guerra, se mostraram de alta eficácia, seriam muito úteis para revelar a presença de atividades mineradoras e de atividades industriais clandestinas. Após a localização das operações de mineração de urânio, seria possível seguir o percurso dos minérios extraídos da mina até sua destinação. Caso o urânio fosse obtido de minérios de baixo teor, as operações de mineração poderiam ser detectadas por aviões, com um alto grau de possibilidade de acerto. Essas operações, além disso, não seriam de fácil camuflagem contra a fotografia infra-vermelha.

A mineração de urânio de alto teor, caso esses depósitos venham a ser encontrados, talvez seja mais fácil de ocultar, devido à menor quantidade de minério a ser extraído. Mas se essa mineração for realizada em áreas remotas ou esparsamente habitadas, poderia ser detectada por levantamentos aéreos, mesmo que a quantidade de minério fosse pequena. A agência internacional sob cujos auspícios o levantamento seria realizado teria que possuir o direito de emitir mandados de busca, que permitiriam aos inspetores devidamente credenciados inspecionar, no solo, as atividades detectadas nos levantamentos aéreos.

As atividades mineradoras situadas em áreas populosas, por outro lado, dificilmente escapariam à atenção das pessoas que vivessem ou trabalhassem nesses locais e, portanto, o sigilo não conseguiria se manter por muito tempo.

Um levantamento geológico geral dos depósitos mundiais de urânio – que deve se estender aos depósitos contendo percentuais de urânio de apenas 1-10 e 1-100 – permitiria que determinássemos em detalhe as melhores medidas a serem adotadas nas inspeções das minas de urânio nas várias regiões do mundo.

Inspeções de instalações industriais

A detecção de usinas clandestinas de produção de U-235 ou de plutônio não apresenta grandes dificuldades. As usinas de produção de U-235 exigem um fornecimento de energia de dimensões tais (seja na forma de carvão, petróleo ou eletricidade) que sua localização denuncia a si própria, particularmente se a produção não se concentrar em áreas altamente industrializadas. Se as usinas estiverem dispersas em regiões densamente habitadas, sua existência será conhecida de um grande número de pessoas, não podendo portanto ser mantida em sigilo por muito tempo.

Devido ao calor liberado no processo, as usinas produtoras de plutônio podem ser detectadas ou pelo volume do abastecimento de água necessário a seu resfriamento ou por algum método alternativo de resfriamento, que as tornaria facilmente localizáveis em razão de certas estruturas peculiares que se fariam necessárias.

A detecção de qualquer uma dessas usinas seria fácil durante o período de sua construção, particularmente nos próximos anos, uma vez que, no estágio inicial em que nos encontramos, as construções são caracterizadas por instalações mais conspícuas do que as que talvez venham a ser desenvolvidas no futuro.

Inspeções de pessoal especializado

Até aqui, discutimos apenas métodos de inspeção mais ou menos mecânicos. O propósito de evitar uma corrida armamentista exige, contudo, que inspecionemos não apenas a produção de bombas atômicas, mas também a de outros métodos bélicos altamente agressivos, alguns dos quais podem ser quase tão terríveis quanto os baseados na liberação da energia atômica. Essa verificação geral, principalmente se prevista para se estender a técnicas ainda desconhecidas de extermínio em massa, requer métodos novos e menos mecânicos de inspeção. Informações sobre os movimentos e atividades de todos os cientistas, engenheiros e pessoal técnico qualificado permitiriam a detecção de quaisquer tipos de atividades perigosas assim que elas atingissem o estágio de construção e antes que chegassem ao estágio de produção. Esse seria o principal objetivo das inspeções de pessoal.

Os agentes da inspeção, obviamente, teriam que possuir conhecimentos científicos. Mas universitários recém-formados, com conhecimentos razoáveis em ciências ou engenharia, suplementados por um curso de treinamento de alguns meses de duração em áreas de conhecimento especiais, e cobrindo os métodos de inspeção a serem aplicados, seriam capazes de desempenhar essa tarefa. Durante seus anos universitários, teriam que adquirir o domínio da língua do país no qual, mais tarde, trabalhariam como inspetores.

Cada um desses inspetores teria que se manter em constante contato com cerca de trinta cientistas e engenheiros da área que lhe fosse designada. Se algum destes desejar ocultar algum fato específico, ele poderia fazê-lo, é claro, mas seria muito difícil dissimular que não estava ocultando nada. Um país altamente industrializado, com um número de cientistas e engenheiros que pode chegar a cem mil e que poderiam ser empregados em trabalho bélico de "alta categoria", exigiria, com base nesses pressupostos, cerca de 3.000 inspetores residentes trabalhando simultaneamente. Considerando o mundo como um todo e partindo da suposição de que a vida profissional média de um engenheiro seja de trinta anos, seria necessário que praticamente todos os estudantes que se formassem em engenharia no mundo inteiro trabalhassem como inspetores por um período de um ano, para que fosse mantida a relação de um inspetor para cada trinta inspecionados. Manter uma lista atualizada de todos os cientistas e engenheiros, naturalmente, faria parte da administração eficiente de um serviço de inspeção dessa natureza.

Muitos universitários recém-formados aceitariam de bom grado a oportunidade de trabalhar como inspetores em algum país estrangeiro por um período de um ano, a fim de ampliar seus conhecimentos e ganhar experiência numa área técnica de sua escolha. É claro que as condições psicológicas dos inspetores e, conseqüentemente, o êxito das inspeções seriam muito beneficiados se eles fossem mais do que simples agentes policiais, ou seja, se suas funções abrangessem tanto a divulgação como a coleta de informações. Muitos deles poderiam se dedicar a algum tipo de atividade de ensino em tempo parcial. Poderiam ensinar sua própria língua, ou assuntos específicos nos quais seu próprio país fosse mais avançado que o país anfitrião, e levar informações sobre seu país natal a seus alunos, muitos dos quais poderiam, mais tarde, vir a trabalhar como inspetores.

O cidadão como inspetor

No que se refere às grandes potências, o problema com que nos veremos confrontados será de mais fácil solução se não tomarmos essa inspeção na acepção estreita do termo.

Ao lidar com a ameaça da bomba atômica, estamos lidando com algo sem precedentes. As bombas atômicas são produto da imaginação humana aplicada ao comportamento da matéria inanimada, e não seremos capazes de enfrentar os problemas criados por sua existência se não nos dispusermos a aplicar nossa imaginação também aos problemas do comportamento humano. Essas tentativas de resolver nossos problemas podem, à primeira vista, nos parecer estranhas, pela simples razão de não terem precedentes. Na atual conjuntura, temos que nos dispor a testar as possíveis soluções para os problemas de relações humanas implicados no problema das inspeções.

A fim de discutir um problema concreto e bem definido, iremos, novamente, nos concentrar nos Estados Unidos e na Rússia, e discutir a possibilidade de conferir aos cientistas e engenheiros desses países, e não a inspetores estrangeiros, a responsabilidade pelo sistema de inspeções.

Os cientistas e engenheiros não estão isolados da comunidade em que vivem. Eles possuem as mesmas lealdades que os outros membros dessa comunidade, e sua lealdade básica talvez seja para com seu país. A maneira pela qual esta será interpretada pode variar conforme as circunstâncias. Suponhamos que os Estados Unidos e a Rússia tenham chegado a um acordo que proíba a fabricação de bombas atômicas, mas que garanta a ambos os países o direito de, a qualquer momento, revogar esse acordo. Suponhamos também que após esse acordo ter sido ratificado e convertido em lei, o presidente dos Estados Unidos convoque todos os cientistas e engenheiros do país, pedindo-lhes que assumam o compromisso de informar a uma agência internacional sobre quaisquer violações cometidas em território nacional. Suponhamos ainda que a Lei da Espionagem tenha sido revista de modo a não mais incluir informações de natureza puramente científica ou técnica, estejam essas informações relacionadas ou não à segurança nacional. Em tais circunstâncias, é praticamente certo que a maioria dos cientistas e engenheiros dos Estados Unidos acatariam o apelo do presidente.

Será que poderíamos esperar que os cientistas russos agissem de forma semelhante? Meu conhecimento dos cientistas russos é muito menos direto, e minha resposta a essa pergunta deve, portanto, se basear na convicção fundamental de que as diferenças entre os homens em geral, e entre os cientistas em particular, são uma questão de grau. Não acredito que haja diferenças essenciais entre os cientistas russos e os americanos.

Neste ponto, talvez fosse conveniente definir de maneira mais estrita as condições nas quais seria possível esperar que um sistema como esse viesse a conquistar a confiança de todas as nações. É claro que ele seria grandemente fortalecido pela criação de instituições internacionais que estabelecessem cooperação próxima entre cientistas e engenheiros de diferentes países. O campo da energia atômica seria apenas um nos quais empreitadas de larga escala, fundadas em cooperação, poderiam ser criadas. No quadro dessa colaboração, seria possível providenciar para que todos os cientistas e engenheiros, no decorrer de seu trabalho, passassem um período do ano fora de seu país de origem, acompanhados de suas famílias.

Instituições dessa natureza serviriam a um duplo propósito. Primeiramente, manteriam vivas nos cientistas e engenheiros as lealdades mais elevadas compartilhadas por todos os homens cultos, que transcendem as que se limitam apenas à própria nação. Em segundo lugar, as ocasiões freqüentes e regulares nas quais os cientistas e engenheiros se encontrariam fora da jurisdição de seu próprio país dariam a eles a oportunidade de informar às autoridades internacionais competentes sobre violações clandestinas do acordo perpetradas pelo governo de seu próprio país, sem pôr em risco suas vidas ou a segurança de suas famílias. Seria possível conceder-lhes imunidade, caso eles desejassem permanecer fora da jurisdição de seu país de origem. Se isso acontecesse, eles teriam garantido o direito de escolher seu local de residência no exterior, e uma fonte de renda compatível teria que ser conseguida.

Como é natural, o exílio não seria uma escolha fácil para um cientista ou um engenheiro. Mas, afinal de contas, sob um sistema de inspeções sensato, violações clandestinas do acordo teriam que ser encaradas como possibilidades muito remotas, algo como uma grande catástrofe no caminho que leva à revogação do acordo, à corrida armamentista e à guerra. Sob esse prisma, os cientistas e engenheiros tenderiam a encarar como um infortúnio pessoal essa necessidade de denunciar violações por parte de seus países – um pequeno infortúnio, se comparado ao desastre que a violação do acordo viria a causar ao mundo.

O fato de que os cientistas e engenheiros se veriam em condições de denunciar violações sem colocar em risco a própria vida ajudaria a aliviar as suspeitas de que eles teriam conhecimento das violações clandestinas, mas mantinham silêncio por temer por sua própria segurança. Por mais exageradas que fossem essas suspeitas, elas, em tempos politicamente tensos, poderiam vir a se constituir em perigo, uma vez que possibilitariam uma revogação legítima do acordo por parte de uma das duas potências.

Um país que pense em termos de política de poder talvez se visse tentado a revogar ou ameaçar com a revogação do acordo se, ao assim agir, estivesse fazendo com que a balança do poder pendesse significativamente a seu favor. Essa tentação se faria sentir ou se esse país fosse capaz de superar rapidamente a produção de seu potencial inimigo, ou se fosse muito menos vulnerável às bombas que esse inimigo. Essa motivação para revogar o acordo seria menos intensa se o intervalo de tempo entre a revogação e a produção de bombas em quantidades significativas fosse muito longo. Esse intervalo poderia ir de seis meses a três anos, dependendo de se instalações de energia atômica para fins pacíficos já existissem à época da revogação, e dependendo também das restrições impostas a essas instalações. A renúncia ao uso da energia atômica em grande escala para a produção de energia elétrica por um prazo de dez a quinze anos tenderia, portanto, a eliminar os incentivos a uma possível revogação do acordo. Essa renúncia representaria um sacrifício muito menor para os Estados Unidos que para outros países que tenham maior necessidade de energia elétrica e que sejam mais pobres em termos de recursos naturais.

A necessidade de um programa de longo prazo

Não podemos esperar, entretanto, que os usos da energia atômica para fins pacíficos sejam suspensos por prazo indeterminado por razões de segurança, e teremos que ir além desses expedientes temporários o quanto antes.

Um sistema do tipo discutido acima eliminaria a ameaça de uma corrida armamentista e seria de grande valia, uma vez que, durante sua vigência, uma guerra só viria a eclodir se uma das grandes potências se decidisse por correr esse risco, revogando o acordo. Se viermos a eliminar não apenas as bombas atômicas, mas também o desenvolvimento de outros métodos bélicos altamente agressivos e, particularmente, os estoques de armamentos agressivos de longo alcance, tais como bombardeiros, grandes frotas de navios de guerra e embarcações de pouso, o risco de uma guerra entre as grandes potências seria remoto, e poderíamos ter esperanças de que um sistema de paz aceitavelmente eficiente, estabelecido sob os auspícios das Organização das Nações Unidas, poderia funcionar por algum tempo. Não podemos esperar, contudo, que esse sistema venha a garantir uma paz eterna.

Talvez tenhamos eliminado por algum tempo o perigo de um tipo específico de guerra – a guerra que começa de forma mais ou menos automática a partir de uma paz armada, na qual as grandes potências manobram segundo as leis da política de poder. A Primeira Guerra Mundial talvez possa ser citada como um exemplo desse tipo de guerra que poderia ter sido evitada com um acordo semelhante ao que estamos tratando. Já a Segunda Guerra Mundial, quando a Alemanha partiu deliberadamente para a conquista, não se encaixa nessa categoria. Mesmo na vigência de um acordo como o discutido neste capítulo, permaneceria o nítido perigo de, a qualquer momento, uma guerra vir a eclodir.

Se conseguíssemos evitar uma corrida armamentista, teríamos tempo para respirar e aproveitar essa trégua para estabelecer uma comunidade mundial. Se não tirarmos partido dessa oportunidade, estaremos apenas adiando a próxima guerra mundial que, quanto mais tarde vier, mais terrível será. A questão a ser enfrentada não é se seremos ou não capazes de criar esse governo mundial antes do final do século. Isso parece muito provável. A questão é se conseguiremos criar esse governo mundial sem termos que passar por uma terceira guerra mundial. O que mais importa agora é a criação imediata de condições nas quais o futuro estabelecimento de um governo mundial venha a parecer tão inevitável à maioria dos homens quanto, hoje, a guerra parece inevitável a muitos.

É evidente que, nessa transição, o ponto crucial será alcançado quando um governo mundial vier a operar de fato na área de segurança ou das funções policiais. Quando esse ponto for alcançado, o direito de revogar acordos terá cessado, e qualquer tentativa de secessão será tanto ilegal quanto simplesmente impossível.

A discussão de um programa de tão longo prazo estaria além dos objetivos deste capítulo. Mencionei-o porque duvido que o perigo de uma corrida armamentista possa ser evitado a não ser que o problema de criar essa pausa para respirar e o problema do estabelecimento de uma comunidade mundial – ou seja, os programas de curto e longo prazos – sejam atacados de forma simultânea. Isso porque, se quisermos evitar uma corrida armamentista, teremos que abrir mão de nossas próprias bombas atômicas e descartar nossas instalações de produção antes que venhamos a ter um sistema de paz totalmente seguro. Teremos que correr riscos, e teremos que retirar essa coragem de correr riscos da convicção de que estamos no caminho rumo à solução permanente para o problema da paz.

13

O CONTROLE INTERNACIONAL DA ENERGIA ATÔMICA

Walter Lippmann

WALTER LIPPMANN, autor de vários livros sobre questões políticas e, durante quinze anos, articulista especial do *Herald Tribune*, de Nova York, tornou-se conhecido por meio de seus escritos como um dos principais analistas políticos da atualidade.

Examinemos os problemas, tal como definidos pelos três ministros das relações exteriores, de como alcançar o "controle da energia atômica (...) para fins pacíficos"*.

Minha tarefa é investigar as perspectivas de resolução desse problema face a nossos atuais conhecimentos sobre questões de política, governo e direito. De partida, temos que reconhecer que nossos progressos na arte da destruição em massa não foram acompanhados por novas descobertas na ciência política ou na arte de bem governar. Não aprendemos ainda a liberar energias intelectuais e morais até agora inacessíveis e direcioná-las a fins construtivos. Para começar, contamos apenas com a ciência política da era pré-atômica. E embora possamos supor que o caráter

---

* Comunicado dos três ministros das Relações Exteriores sobre a Conferência de Moscou, 27 de dezembro de 1945.

aterrorizante da guerra total moderna tornará os homens um pouco mais dispostos a apoiar pesquisas e experimentos de natureza política, nada pode ser proposto hoje que não seja uma aplicação de conhecimentos já existentes.

No entanto, irei argumentar e pretendo demonstrar que os princípios políticos da solução são conhecidos. Se a humanidade, na geração em que vivemos, irá aplicá-los ou não é uma outra questão. Decerto que ela é da maior importância, mas trata-se de uma questão que não podemos começar a examinar sem termos antes elucidado a teoria da solução. Pois a dificuldade prática, que hoje é a de persuadir os homens a aceitarem a solução, não pode ser abordada até que tenhamos clareza quanto ao que eles devem ser persuadidos a aceitar.

Todos concordarão, creio eu, que o ponto crucial do problema imediato é como oferecer "salvaguardas eficazes através de inspeções e de outros meios, a fim de proteger os Estados observantes contra os perigos das violações e das burlas"* dos acordos. Pois, como declarou o secretário Byrnes após retornar de Moscou:

> Em particular, era a intenção original e ficou combinado que a questão das salvaguardas se aplicará às recomendações da comissão (a ser estabelecida pela Assembléia Geral das Nações Unidas) em relação a cada fase do assunto, e a cada estágio. De fato, na raiz de toda a questão encontra-se o problema de criar as salvaguardas necessárias.

É evidente que as regras internacionais só terão valor na medida em que existam salvaguardas eficazes que impeçam que sejam violadas ou burladas. O problema fundamental, em suma, é como fazer valer os acordos internacionais que os governos

---

* *Id*em, VII, V.D.

venham a decidir assinar, uma vez que não é provável que os acordos sejam cumpridos se os homens não tiverem razões para crer que essa observância será efetivamente obrigatória. O que está em jogo é a vida ou a morte dos Estados nacionais e de seus habitantes: nenhum Estado pode correr o risco de obedecer o acordo se não houver certeza de que todos os Estados capazes de produzir essas armas também o obedecem.

Declarações e resoluções que não tratem dos meios de fazer valer suas cláusulas podem servir a altos propósitos, o que muitas vezes de fato acontece. Podem edificar, ensinar, inspirar e iluminar as possibilidades futuras. Mas não têm força de lei, mesmo que todos as tenham subscrito e, aqui e agora, estamos interessados na formulação de acordos internacionais que tenham força e efeito de leis internacionais. As perspectivas dessa capacidade de aplicar os acordos são os principais fatores a serem levados em conta: só podemos formular regras se tivermos razões para crer que seremos efetivamente capazes de aplicá-las. Na verdade, a possibilidade de a política internacional vir a ocupar o lugar que hoje cabe apenas às políticas nacionais dependerá da fé e do crédito que dermos à nossa capacidade de fazer valer os acordos internacionais.

Em qualquer país, são poucos os que hoje acreditam que a guerra em si, ou qualquer dos grandes armamentos nela usados, possam ser regulamentados ou proscritos por meio de tratados comuns, firmados entre Estados soberanos. Entre 1919 e 1939, muitos tratados foram assinados e ratificados[*]. Os Estados sobe-

---

[*] Por exemplo, o Pacto da Liga das Nações; os Tratados da Conferência de Washington Limitando os Armamentos Navais Relativos ao Uso de Submarinos e Gases Tóxicos na Guerra; o Tratado das Nove Potências sobre o Extremos Oriente de 1922; os Tratados de Locarno de 1925; a série de Convenções de Arbitragem e Conciliação entre a Alemanha e a Holanda de 1926, a Dinamarca em 1926 e Luxemburgo em 1929; o Pacto Kellog-Briand de 1928; o Pacto de Não-Agressão Teuto-Polonês de 1934; o Acordo Austro-Alemão de 1936; o Acordo de Munique de 1938; o Tratado de Não-Agressão entre a Alemanha e a Dinamarca de 1939; e entre a Alemanha e a URSS de 1939.

ranos comprometeram-se a manter a paz, a proscrever a guerra como instrumento de política nacional, a limitar seus armamentos. Deram e receberam garantias bilaterais e multilaterais de proteção mútua e de não-agressão. Esses tratados não evitaram nem amenizaram a fúria e os horrores da Segunda Guerra Mundial do século XX. Não foram observados pelos Estados agressores, e tampouco os Estados que os observavam fizeram valer suas cláusulas. Não é mais possível confiar, como de fato ninguém confiará, em outros tratados dessa natureza. Por mais solene que seja a linguagem empregada nesses novos tratados, e por mais específica e ampla que for sua substância, ninguém confiará neles.

Mas é evidente também que não há outro modo de *começar* a tratar do problema que não através de um tratado internacional de algum tipo. Estaríamos simplesmente evadindo a questão se não reconhecermos que nenhuma proposta internacional pode ser adotada exceto por meio de um tratado ratificado pelos Estados soberanos de nosso tempo. Temos, portanto, que investigar as razões exatas das fragilidades desse tipo de tratado. Se o diagnóstico for correto, ele nos levará ao remédio.

Com base na experiência de nossa época, praticamente todos os acordos internacionais e a quase totalidade do direito internacional só foram passíveis de aplicação nos casos em que Estados soberanos desejaram e foram capazes de coagir outros Estados soberanos. A única garantia de aplicação desses tratados era a contingência de os Estados observantes estarem prontos e dispostos a ir à guerra contra os Estados transgressores. Isso valeu também, como as próprias palavras indicam, para as medidas que foram chamadas de "quase bélicas" – corte de relações diplomáticas, embargos e bloqueios. Contava-se com essas penalidades mais brandas para desencorajar ações agressivas apenas porque cada uma dessas medidas quase bélicas acabava se tornando progressivamente mais violenta. Eram vistas como uma série de medidas que poderiam começar por chamar de volta um embaixador e terminar em guerra total. A eficácia de qualquer sanção depende do fato de ela ser uma advertência e um sinal de penalidades mais severas a serem aplicadas no futuro. O mundo assistiu a episódios dessa natureza no caso do Japão, na Manchúria; da Itália, na Abissínia; da Alemanha, na Áustria; da Espanha e da Argentina, durante a Segunda Guerra Mundial: as sanções iniciais não tiveram efeito coibitivo porque os Estados observantes não estavam prontos ou dispostos a aplicar a sanção final de declarar guerra.

A aplicação forçosa de um acordo internacional por Estados soberanos contra Estados soberanos é conhecida como o método da segurança coletiva. Não podemos confiar – e, na verdade, nenhuma nação confia ou jamais confiará – em acordos internacionais dessa natureza. Por que não? Porque o remédio é pior que a doença: as nações pacíficas têm que estar dispostas a declarar guerra total a fim de evitar uma guerra total. O remédio é tão tosco, tão caro e tão repugnante que não será aplicado pelos povos a quem cabe aplicá-los, ou seja, pelos povos amantes da paz.

Temos que ter clareza quanto a esse ponto, pois muito depende dele. Já foi repetidamente afirmado que a simples ameaça de uso coletivo da força é suficiente para dissuadir um Estado de praticar atos que possam levar à guerra. Isso talvez seja verdade, caso fique evidente que se trata de uma ameaça genuína, e não apenas de um gesto ou de um blefe. Não pode haver dúvidas, nas mentes dos Estados transgressores, de que os outros Estados estão mobilizados, equipados e treinados, e deve estar firmemente estabelecido que a disposição dos povos observantes de se lançar a uma guerra total não está sujeita a hesitações nem será objeto de debates. Colocar essas condições significa saber o quanto é improvável que elas venham a ser cumpridas em tempos de paz.

Isso porque, nos estágios iniciais de qualquer campanha de conquista, as questões tendem a parecer remotas e, em si, de pouca importância para a nação sobre a qual recai a maior parte da responsabilidade pela segurança coletiva. Podemos citar a tomada da Manchúria, em 1931-1932; da Etiópia, em 1935; a guerra Civil Espanhola, em 1936; a reocupação da Renânia, em 1936; e o episódio do ataque japonês ao navio norte-americano Panay, em 1937. É nesses estágios iniciais da agressão que a segurança coletiva tem que agir com firmeza para que a guerra seja evitada. Mas é exatamente nesses momentos que a segurança coletiva é menos firme: não é possível esperar que povos pacíficos estejam prontos e dispostos a declarar guerra total com base em questões que, em si mesmas, parecem conflitos menores, remotos e obscuros. Essa falta de prontidão e de disposição ficará patente ao agressor, que, portanto, irá desconsiderá-las como apenas um blefe coletivo.

A ameaça de guerra total e coletiva só terá efeito coibitivo se ficar evidente que a ameaça será cumprida, mas apenas em última instância. Essa ameaça, na verdade, não se constitui em um instrumento de aplicação dos acordos internacionais, mas sim em uma medida de desespero extremo, que só será usada caso a confiança nos acordos vier a se exaurir, se a paz mundial já estiver irremediavelmente comprometida e as nações pacíficas virem-se obrigadas a se unir para lutar uma guerra de sobrevivência.

Quando o conflito em questão não representa uma ameaça à sobrevivência das grandes nações, o método da segurança coletiva não será empregado, porque ele é tão aterrorizante para os países que usam o poder de polícia quanto o é para os países transgressores. Ele penaliza os Estados que aplicam a lei, pelo menos até que tenham pago o terrível preço da vitória, tanto quanto pune os Estados transgressores. Portanto, não pode ser usado como método normal e permanente de aplicação da lei, por exemplo, como meio de assegurar a inspeção de laboratórios e usinas que trabalhem com materiais físseis. Não haveria cirurgia se o cirurgião tivesse que amputar o próprio braço ao ser chamado para amputar a perna do paciente. Haveria pouca aplicação da lei em nossas cidades se, para prender assaltantes, assassinos e infratores das leis do trânsito, a polícia tivesse que se lançar a uma luta na qual os tribunais, a cadeia e suas próprias casas corressem risco de destruição. Os homens não incendeiam o paiol para assar um porco. O método da segurança coletiva é, repito, tosco demais, caro demais e incerto demais para ser usado de forma generalizada e regular.

Esse método se propõe a atingir a paz por meio da lei conclamando multidões de pessoas inocentes a estarem prontas para exterminar multidões de pessoas inocentes. Nenhuma ordem mundial pode se fundar sobre um princípio como esse. Essa ordem jamais conquistaria o apoio de homens civilizados, e menos ainda de homens democráticos que respeitam o indivíduo e consideram que a essência da justiça é a distinção entre culpados e inocentes, responsáveis e irresponsáveis.

Nossa própria experiência com o método da segurança coletiva mostrou o quão certo estava Hamilton ao afirmar que quando "cada desrespeito às leis leva a um estado de guerra, e as execuções militares se tornam o único instrumento da obediência civil", nenhum "homem prudente optaria por confiar sua felicidade a esse estado de coisas"*.

No início deste capítulo, afirmei que o princípio político essencial por meio do qual nosso problema pode ser resolvido é conhecido de todos. Não há nada de misterioso nele e, na verdade, torna-se óbvio quando percebemos com clareza por que razão a segurança coletiva é um péssimo método de fazer valer leis e acordos. Esse princípio consiste em fazer com que os acordos tra-

---

* *Federalist Papers*, nº 5.

tem de indivíduos, e não de Estados soberanos, e em fazer com que as leis incidam sobre esses indivíduos.

Esse princípio não é totalmente novo, mesmo nas questões internacionais de nossa era, quando a soberania nacional se tornou tão absoluta, e suas doutrinas foram expostas de forma tão dogmática e tão pedante*. Foi esse o preceito que os homens foram obrigados a invocar e aplicar "sempre que quiseram ampliar o âmbito da ordem legal"**.

Os autores da Constituição Americana invocaram esse princípio para sanar a ilegalidade e a desordem que reinavam na Confederação, em 1791. Eles o esposaram e elucidaram no *The Federalist****. Se algo no campo da ciência política pode ser visto como uma descoberta provada é o fato de que um sistema de leis não produzirá ordem se incidir apenas sobre os Estados, e que a aplicação da lei só se torna possível se as leis incidirem sobre os indivíduos. Isso porque, nesse caso, é possível que a aplicação da lei não venha a se deparar com "a oposição organizada e uníssona que é evocada" quando se tenta regular ou coagir Estados que contam com a lealdade e a obediência de grandes massas.

---

* Ver Hans Kelsen, *Peace Through Law*, University of North Carolina Press, pp. 71 e seg., para exemplos de responsabilidade individual estabelecida pelo direito internacional geral ou por tratados, ou seja, regras proibindo a pirataria, a quebra de bloqueio e contrabando, guerras ilegítimas; também, o Artigo III do abortado Tratado de Washington, de 1922, sobre uso de submarinos em guerras, e o Artigo II da Convenção Internacional para a Proteção dos Cabos Telegráficos Submarinos, 1884. Outros exemplos interessantes e sugestivos são: o Tratado para a Supressão do Tráfico de Escravos Africanos, de 1862; a Convenção Internacional para a Supressão do Tráfico de Mulheres e Crianças, de 1921; a Convenção Internacional para a Supressão do Tráfico de Publicações Obscenas, de 1923; e a Convenção Internacional para a Supressão da Falsificação de Moeda, de 1929.

** Relatório da Comissão sobre Direito Internacional da Ordem dos Advogados da cidade de Nova York, de junho de 1944 (John Foster Dulles, presidente).

*** Números 15-20 e 27.

Hamilton afirma que, para que possa existir um "poder superintendente" – que é o que pretendemos estabelecer quando buscamos "salvaguardas efetivas" contra as armas de destruição em massa –, "temos que nos decidir a incorporar a nosso plano os ingredientes que podem ser vistos como consistindo na diferença característica entre uma liga e um governo; temos que estender a autoridade da União (em nosso caso, o poder superintendente das Nações Unidas) às pessoas dos cidadãos" das Nações Unidas.

Ao examinar as implicações dessa lei geral sobre os problemas do mundo atual, não devemos nos deixar desviar ou confundir pelas conotações da palavra "governo". Essa palavra sugere todo um aparato ostentando uma bandeira mundial, um executivo mundial, um legislativo mundial, um sistema judiciário mundial, um exército mundial, uma polícia mundial, detetives, inspetores e coletores de impostos. Nenhum, alguns ou todos esses instrumentos talvez venham a ser desejáveis ou praticáveis. O ponto que quero ressaltar é que não precisamos e não devemos levá-los em conta no presente momento. Pois o princípio de que as leis e os acordos internacionais devem incidir sobre os indivíduos pode ser imediatamente aplicado de forma construtiva, mesmo sem que seja assumido o compromisso prévio de criar as instituições específicas de um governo mundial.

Esse princípio se adequa perfeitamente ao problema colocado pelos três ministros das Relações Exteriores perante a Comissão para o Controle da Energia Atômica, criada por sua solicitação pela Assembléia Geral das Nações Unidas. Tal problema consiste em como oferecer "salvaguardas eficazes (...) contra os perigos das violações e das burlas" dos acordos, os quais exigiriam "o intercâmbio de informações científicas básicas para fins pacíficos", visando ao "controle da energia atômica ao ponto necessário para assegurar que seja usada apenas para fins pacíficos", e "para que as armas atômicas e outras armas de destruição em massa sejam banidas dos arsenais nacionais".

É evidente que essas regras tratam das atividades de um sem-número de indivíduos de todos os países. Cientistas, técnicos, industriais, funcionários administrativos, inspetores, juízes, legisladores, comandantes militares, diplomatas e governantes de Estado terão que se submeter a essas regras e aplicá-las. Eles poderão ser responsabilizados por violações ou burlas que porventura venham a ocorrer e têm que ser protegidos contra a contingência de se verem forçados a violá-las ou burlá-las.

Para que a humanidade possa confiar que uma tamanha multidão de indivíduos vá respeitar as leis, as regras aceitas de comum acordo têm que se converter na lei suprema de todos os países, e todas as leis nacionais, prévias ou subseqüentes, terão que se adequar à lei mundial. Uma nação que se recuse a aceitar essa idéia não deve sequer ser convidada a assinar o tratado. Pois ela estará simulando subscrever regras que suas próprias leis não acatam. Dessa forma, ao invocar esse princípio, podemos, de partida, estabelecer um critério claro quanto a se há de fato boas perspectivas de as salvaguardas virem a ter eficácia. Podemos estipular que nenhum Estado será considerado signatário do tratado até que sua legislação nacional tenha, de forma expressa, convertido as regras do tratado em lei nacional no âmbito de sua jurisdição.

Mas isso não é tudo. Uma vez que o tratado exigiria que as leis que governam a energia atômica sejam essencialmente as mesmas em todo o mundo, as Nações Unidas poderiam declarar que qualquer indivíduo possui o direito de ser protegido por essa legislação e pode ser responsabilizado frente a ela no âmbito da jurisdição de qualquer um dos Estados-membros. Assim, ninguém que fosse responsável por uma violação dessa lei poderia pedir a proteção de seu próprio governo. Ele seria um fora-da-lei, um pirata, e passível de ser acusado, preso, julgado e sentenciado em qualquer um dos países-membros das Nações Unidas. Caso ele, em defesa própria, declarasse que agia sob ordens superiores provenientes de autoridades de seu próprio governo, não seria um ato inamistoso, mas sim um direito estabelecido, exigir daquele governo explicações e investigações. Caso o governo recusasse, estaria, é claro, configurada uma rebelião contra as Nações Unidas, e seria então colocada a dura questão – que pode surgir em qualquer sociedade civil – de se os países recorreriam à guerra para reprimir essa rebelião. Se a situação atingisse esse ponto, os governantes dos Estados rebeldes estariam sujeitos à acusação de crime de guerra e, se algum dia viessem a ser capturados, seriam levados a julgamento e sentenciados.

Qualquer cientista, industrial, administrador ou autoridade pública que, individualmente, desejasse obedecer à lei, poderia, caso seu governo estivesse tentando coagi-lo, pedir proteção às Nações Unidas. No caso de ele conseguir fugir, seria-lhe concedido asilo. Se fosse mandado para um campo de concentração, as Nações Unidas poderiam exigir explicações e reconsideração justa das acusações, na eventualidade de algum amigo ou parente conseguir passar informações sobre o caso a um agente ou governo das Nações Unidas.

Ninguém se veria obrigado a ser leal a seu próprio Estado, se isso significasse violar a lei mundial. Acusar autoridades que estivessem conspirando para violar o que então seria a lei do país não seria um ato impatriótico aliás, seria o exato oposto. O indivíduo poderia fazê-lo em sã consciência, da mesma forma que ocorreria nos Estados Unidos, no caso de autoridades serem acusadas de conspirar contra a Carta de Direitos ou de lesar o erário público. Essas autoridades seriam os traidores, os usurpadores, os deslealistas, os criminosos e os fora-da-lei. O indivíduo seria o cidadão cumpridor das leis de seu país e do mundo e, caso viesse a correr riscos com a intenção de defender essas leis, ele teria a seu lado não apenas o poderio de todos os Estados legalistas, mas também a consciência explícita e reconhecida de toda a humanidade.

Embora esse princípio possa ser progressivamente aplicado visando a ampliar o âmbito da ordem regida pelo direito internacional, ele se presta particularmente bem ao problema específico de como criar salvaguardas eficazes contra a violação e a burla dos acordos internacionais sobre energia atômica. No momento em que este artigo for para o prelo, esses acordos ainda não terão sido estabelecidos, mas seu caráter e seu propósito geral já foram suficientemente explicitados na Declaração Truman-Atlee-King de 15 de novembro de 1945 e no Comunicado de Moscou, e parto aqui do pressuposto de que nossa principal preocupação refere-se a como eles virão a ser observados e aplicados.

Os acordos propostos terão o propósito de limitar a finalidades e intenções pacíficas o desenvolvimento e o uso da energia atômica. Isso significa, necessariamente, que, em nenhum estágio do processo que vai da pesquisa pura e da extração de minérios até a fabricação de armas, será admitido um sigilo que capacitaria um governo ou uma facção de conspiradores a usar a energia atômica para fins vedados pelo acordo. A divulgação de informações e as inspeções têm que se dar em um nível que torne altamente improvável que os Estados observantes venham a ser vítimas de surpresas sinistras e de ataques covardes. Deve-se ter informações suficientes para que os Estados observantes possam ser prevenidos a tempo de tomar medidas preventivas e defensivas. Isso não significa que todos devam ser ensinados a fabricar bombas atômicas na pia da cozinha. Mas significa, sim, que nenhum governo será capaz de sequer dar início aos preparativos para a fabricação de bombas atômicas exceto com o consentimento dos demais governos e em consonância com as regras internacionais estabelecidas de comum acordo.

Segue-se, portanto, que os tratados têm que ser formulados com a intenção direta de anular o direito soberano e eliminar o poder real de um governo de tratar como segredo de Estado o desenvolvimento da energia atômica. Segredos de Estado tomam como base as leis e as regulamentações nacionais que estabelecem a censura e definem traição e espionagem, e esses segredos são protegidos por restrições que incidem sobre todos os que têm acesso a eles, e por penalidades contra todos os que, indevidamente, tentam se apossar dessas informações. Se, então, os membros das Nações Unidas chegarem a um acordo sobre os direitos de inspeção mútua, devem concordar que, em questões dessa natureza, o direito soberano de proteger um segredo de Estado deixa de ser absoluto. O aparato de censura e as sanções contra traição e espionagem passam a ser nulos e inválidos com relação aos termos acordados.

Mesmo em tempos de guerra entre Estados de soberania quase absoluta, a manutenção de total sigilo é extremamente difícil, e em grande medida imperfeita. O tipo de acordo que estamos discutindo agravaria em muito essas dificuldades, principalmente em tempos de paz. Esses acordos tornariam ilegal o sigilo por parte das autoridades governamentais e, ao mesmo tempo, legalizariam e tornariam certa, honrada e não tão imprudente a denúncia, por parte de indivíduos, de violações das regras, violações essas que seriam levadas ao conhecimento dos inspetores.

O Dr. Szilard, no capítulo 12, examina em detalhes o problema das inspeções. Pode ser acrescentado que, nos termos do tipo de acordo aqui examinado, as proibições que inviabilizariam a eficácia das inspeções são declaradas ilegais e, portanto, os sentimentos patrióticos ou o medo de represálias que poderiam inibir os indivíduos são grandemente reduzidos. Prestar auxílio aos inspetores deixaria de ser um crime contra o Estado: ao contrário, seria crime obstruir seu trabalho. Os indivíduos que desejassem observar a lei mundial e contribuir para sua aplicação com relação a essa questão contariam com o apoio, assim que conseguissem recorrer a eles, dos poderes e da influência de todos os Estados observantes. Não é necessário supor que os inspetores das Nações Unidas munidos de identificação funcional serão as únicas fontes a prestar informações aos Estados observantes: estes contarão também com a colaboração de agentes diplomáticos e consulares, serviços de inteligência, além da dos jornalistas, empresários, turistas, missionários e estudantes espalhados por todo o mundo. Nessas circunstâncias, ainda seria teoricamente possível, embora muito mais difícil de acontecer, de um novo Hitler vir a prender um adversário político, ou fazê-lo desaparecer na calada da noite, sem que a família ou os amigos desse homem conseguissem passar essa informação a um agente, ou mesmo a um simples cidadão de um Estado observante.

Há boas razões para crer que na família internacional dos homens de ciência estariam os principais defensores dos acordos internacionais que estamos discutindo. Esse acordos reconheceriam, legalizariam e protegeriam tradições que já de longa data vigoram entre os cientistas, que seriam autorizados, convidados e incitados a agir exatamente da forma como eles devem e têm que desejar agir. Como a energia atômica não pode ser desenvolvida sem eles, os cientistas ocupam uma posição de controle estratégico. São, portanto, os guardiões naturalmente designados de qualquer sistema internacional de controle. Esses cientistas, graças a seu alto grau de especialização, seriam as pessoas mais qualificadas para tirar conclusões a partir dos relatórios enviados não apenas pelos inspetores oficiais, mas também por todos os demais serviços de inteligência e informação.

Nossos acordos terão força de lei não apenas porque seu propósito é correto, mas também porque eles permitem a muitos cientistas e técnicos servir a seus próprios interesses e ideais profissionais. É mais fácil aplicar leis como essas, que dão liberdade a multidões de homens, do que leis que lhes imponham restrições. Acordos desse tipo usariam a liberdade do indivíduo para controlar o absolutismo do Estado nacional.

Tudo isso será possível se basearmos os tratados a serem propostos sobre o princípio básico de que eles prescrevem direitos e deveres não apenas aos Estados, mas também aos indivíduos. Mas se esse ingrediente, como Hamilton o chamou, não for introduzido, os acordos não se constituirão em leis. Serão apenas declarações, pois sua observância dependerá da lealdade de todos os Estados soberanos, e sua aplicação da disposição e da prontidão de alguns Estados de irem à guerra em nome da segurança coletiva.

Nossas conclusões, por mais convincentes que sejam, não teriam qualquer importância prática caso fossem uma mera demonstração teórica da melhor maneira de regulamentar as armas atômicas. Tudo o que teríamos seria então apenas mais um plano para a limitação dos armamentos, e sabemos, a partir de nossa própria experiência no período 1919-1939, que o desarmamento parcial não evita as guerras, podendo mesmo vir a se converter numa cilada e numa ilusão para as nações que nele depositam sua confiança. Em última análise, temos que nos preocupar não com a guerra atômica, mas com a guerra em si, uma vez que sabemos perfeitamente que até mesmo o melhor de todos os sistemas possíveis de regulamentação das bombas será posto de lado caso uma nova grande guerra venha a ocorrer. Se houver uma outra guerra entre as grandes potências, temos que partir do princípio de que armas atômicas e outras ainda mais malignas e letais* serão usadas. Mesmo que, quando a guerra eclodir, estoques dessas armas não estejam disponíveis, elas certamente terão sido fabricadas quando a guerra chegar ao fim.

Portanto, ao avaliar planos específicos para o controle da energia atômica, temos que examinar de que forma eles afetariam a constituição de uma ordem mundial pacífica. Verificaremos então de que forma o princípio que afirmo ser o mais apropriado ao controle da energia atômica viria a afetar as Nações Unidas como sociedade mundial e a Organização das Nações Unidas que essas nações acabam de criar. A consistência é de importância fundamental: não pode haver um sistema de direito internacional que seja específico para a energia atômica, e um outro sistema, distinto e conflitante, visando à manutenção da paz.

No entanto, essa contradição não existe. Ao contrário, o método de regulamentação da energia atômica que vimos discutindo consiste numa aplicação concreta do princípio fundamental com o qual as Nações Unidas já assumiram compromisso, tanto implicitamente quanto por meio de atos manifestos. Entendo que muitos dos ardentes e fiéis partidários da antiga Liga e da nova organização pensam de forma diferente. No entanto, creio que é possível demonstrar que as Nações Unidas já rejeitaram de fato o método da segurança coletiva e, até o ponto em que elas tenham adotado algum método de fazer valer acordos e leis, este seria o de basear a ordem internacional em leis que regem os indivíduos.

A Carta da Organização das Nações Unidas não rejeita de forma explícita a idéia de que a paz deva ser mantida através da autorização de uma guerra universal contra os Estados transgressores. A Carta, na verdade, afirma que um dos "propósitos" das

---

* Ver o relatório do departamento da marinha tratando da pesquisa sobre armas biológicas, de 4 de janeiro de 1946.

Nações Unidas é "tomar medidas coletivas (...) para a supressão de (...) violações da paz"*, dando poderes ao Conselho de Segurança** para "lançar, usando forças aéreas, marítimas ou terrestres, as ações que sejam necessárias à manutenção ou à restauração da paz e da segurança internacionais".

Mas, como todos sabemos, tudo isso é anulado pela regra da unanimidade, geralmente chamada de privilégio de veto, vigente entre as cinco grandes potências***. O método da segurança coletiva não pode ser legalmente usado contra qualquer das grandes potências militares sem seu consentimento. Isso, é claro, equivale a dizer que esse método jamais será usado. Pois é inconcebível que uma nação venha a autorizar todos os demais países a se lançarem numa guerra total contra ela própria. Além disso, a regra da unanimidade protege todos os demais Estados contra a coerção coletiva, a não ser que porventura exista um Estado tão pequeno, tão isolado e de tão pouca importância a ponto de não ser aliado ou cliente de nenhuma das grandes potências.

Dessa forma, as Nações Unidas, ao formularem a Carta de sua organização, renunciaram na prática, embora não em teoria, ao método da segurança coletiva. Há muitos que vêem como reacionário esse evento nas relações internacionais, afirmando que todos os esforços devem ser envidados no sentido de abolir o veto e estabelecer o princípio da segurança coletiva. Eles terão, creio eu, que reconsiderar sua posição. Em 1919, os Estados Unidos rejeitaram o pacto por não concordarem em se submeter ou a participar de um compromisso de ir à guerra para construir a paz. Nem contra o Japão, em 1931; nem contra a Itália, em 1936, os

---

* Carta das Nações Unidas, capítulo I, artigo 1, seção 1.

** *Idem*, Capítulo VII, artigo 42.

*** *Idem*, Capítulo V, artigo 27, seção 3.

membros da Liga das Nações estiveram dispostos a cumprir esse compromisso. Em 1945, a União Soviética, decididamente, e os Estados Unidos, provavelmente, não teriam ratificado a Carta se ela tivesse de fato autorizado o método da segurança coletiva.

Embora as grandes potências tenham de fato rejeitado a segurança coletiva, não se pode inferir daí que elas sejam favoráveis à anarquia internacional. As grandes potências talvez tenham razão, não por serem grandes potências, mas porque, por serem tão diretamente responsáveis e tão diretamente envolvidas nas conseqüências, são obrigadas a encarar de frente a verdadeira natureza da segurança coletiva. Talvez elas a tenham rejeitado não por estarem erradas, mas pelo método ser errado – porque ele, na verdade, é tosco demais, caro demais, incerto demais e também injusto demais para ser usado como método geral e permanente de aplicação das convenções internacionais.

Seja como for, é fato que, sem uma revisão revolucionária da Carta, o método da segurança coletiva não se presta ao controle das armas atômicas nem a qualquer outro propósito. Os que defendem que o veto deva ser abolido para que os acordos e as leis tenham poder de sanção estão assumindo uma posição equivalente a renunciar a qualquer esperança de que venha a existir no mundo uma ordem baseada no estado de direito. Se não houver outro método de fazer valer os acordos, então não haverá nenhum método, e nos veremos num mundo condenado à interminável anarquia dos Estados soberanos.

Mas, na verdade, se olharmos mais além da Carta de São Francisco e encararmos as Nações Unidas como uma sociedade viva, veremos que, ao longo do último quartel de século, esses países, à medida que rejeitavam o método da segurança coletiva, vinham se comprometendo profundamente com o outro método que vimos discutindo, o de responsabilizar indivíduos pelas violações da paz, dos tratados e do direito internacional.

Esse compromisso é hoje solene, profundo, publicamente declarado e selado pelo fato de as Nações Unidas terem participado da prisão, acusação, julgamento e punição de criminosos de guerra. Ninguém protestou e, a julgar por suas palavras e atos, todos assumiram compromisso com a doutrina enunciada pelo juiz Jackson em sua fala inaugural no tribunal de Nuremberg, quando ele afirmou que "as forças da lei e da ordem devem ser colocadas à altura da tarefa de lidar com os exemplos de ilegalidade internacional que aqui expus", dando "o passo final", que seria "fazer com que os homens de Estado respondam perante a lei". Com a concordância de seus colegas britânicos, soviéticos e franceses, o juiz Jackson completou o compromisso dizendo: "(...) e permitam-me deixar claro que, embora a primeira aplicação dessa lei seja o julgamento dos agressores alemães, ela abrange também – e, para que venha a servir a um propósito útil, deve condenar – as agressões por parte de qualquer outra nação, inclusive as que hoje servem aqui como juízes".

Teremos entendido mal os reais princípios que regem as Nações Unidas se não percebermos que, ao rejeitar o princípio da segurança coletiva, com a adoção do veto, essas nações abraçaram também o princípio de que "os crimes são sempre cometidos por pessoas", e que "somente sanções que atinjam indivíduos podem ser pacífica e eficazmente aplicadas". Os compromissos assumidos pelos julgamentos de Nuremberg não foram improvisações repentinas surgidas do nada: eles têm raízes na história de nossa época e evoluíram ao longo de duas guerras mundiais. Embora, como todo o direito consuetudinário em seus primórdios, eles sejam empíricos e não codificados, esses compromissos não têm autoridade menor que a da Carta. A lei fundamental das

Nações Unidas não se limita à Carta e, ao interpretar seu texto, temos que levar em plena conta a lei promulgada em Nuremberg por essas nações.

Nela, as Nações Unidas reconheceram, nas palavras do juiz Jackson em seu pronunciamento inaugural,

> (...) as responsabilidades individuais por parte dos que cometem atos definidos como crimes, ou que incitam outros a fazê-lo, ou que se juntam a outras pessoas ou organizações para participar de planos visando a esse cometimento. O princípio da responsabilidade individual pela pirataria ou formação de quadrilha, que há muito foram reconhecidas como crimes passíveis de punição nos termos do direito internacional, é antigo e bem estabelecido. É nisso que se constitui a guerra ilegal. A responsabilidade individual é um princípio necessário e lógico para que o direito internacional possa realmente contribuir para a manutenção da paz. Uma lei internacional que incida unicamente sobre os Estados só poderá ser aplicada por meio da guerra, que é o método mais prático de coagir um Estado.

Podemos hoje perceber retrospectivamente que, durante a Segunda Guerra Mundial, consumou-se um avanço revolucionário nas relações humanas. A humanidade foi forçada a cruzar as fronteiras daquilo que até recentemente era a Idade Moderna, quando os homens viviam em conglomerados de Estados de soberania não-qualificada e de seus territórios dependentes, para ingressar nas primeiras mas essenciais formações do Estado mundial. Essas formações não estão simplesmente sendo propostas e defendidas. Esse evento não foi causado pelo presságio da bomba atômica, embora sua evolução possa ter sido acelerada por ele. A mudança decisiva ocorreu antes das explosões de Los Alamos, Hiroshima e Nagasaki.

Como todos os grandes eventos históricos, essa mudança não foi, originalmente, produto de uma intenção consciente, mas sim de uma série de decisões necessárias tomadas por razões empíricas. As Nações Unidas converteram-se numa aliança porque todas elas, embora separadamente e em diferentes momentos, foram vítimas de agressão. Foram obrigadas a se unir para lutar uma guerra de sobrevivência. Foram levadas a tornar permanente sua união pela percepção de que de nenhum outro modo poderiam esperar consolidar a paz cuja conquista lhes havia custado tão caro. Mas ao se reunirem para redigir a carta de sua união, verificaram que seria impossível construir uma ordem internacional baseada no princípio da segurança coletiva. Na qualidade de Estados soberanos, não poderiam participar de uma ordem mundial na qual Estados soberanos seriam autorizados e obrigados a guerrear contra Estados soberanos. Isso não significa, como muitos pensam, que as Nações Unidas tenham chegado a um impasse no caminho rumo a uma ordem mundial. Ao contrário, foi então admitido que uma ordem mundial não pode ser formada com base apenas em Estados soberanos. Embora essa não fosse a intenção original, e embora a importância dessa conclusão não tenha sido imediatamente percebida, o que de fato foi bloqueado pela regra da unanimidade foi o esforço de prosseguir por um caminho que não levaria nem poderia levar as Nações Unidas a uma ordem mundial baseada no direito.

Mas, de forma simultânea, embora separada, essas nações foram levadas a abrir o caminho que pode levar a essa ordem mundial. As causas motoras foram suas tentativas, por meio de advertências e ameaças, de pôr fim aos massacres e às atrocidades que eram parte integrante, e não meros incidentes, da doutrina e das práticas bélicas nazistas. Essas advertências não foram levadas em conta. A principal motivação dos Aliados passou a ser então a necessidade de exigir retribuição e de impor uma forte medida de justiça aos responsáveis mais óbvios pelas monstruosidades praticadas durante a guerra. Os Aliados se uniram na aplicação do princípio de que não o coletivo anônimo do Estado como entidade, mas as autoridades estatais como indivíduos seriam pessoalmente responsabilizadas pelas violações dos tratados, das convenções de guerra e das cláusulas do direito internacional.

Não nos ocuparemos aqui do julgamento de Nuremberg que, no momento em que estas linhas estavam sendo escritas, não havia sido concluído. Nossas conclusões não são afetadas pelas questões ainda não deliberadas de se algum ou todos os acusados são justa e legalmente culpados das acusações levantadas contra eles. É possível que todos sejam inocentes ou que consigam argumentar que a lei sob a qual estão sendo processados é, em seu caso, *ex post facto*. Mesmo assim, essa será, daqui por diante, a lei das Nações Unidas, a não ser que queiramos negar autoridade de lei ao que essas nações declararam, estabeleceram, assinaram, ratificaram e repetidamente afirmaram por meio dos atos oficiais de seus governos legítimos.

Tampouco pode ser alegado que esse princípio da responsabilidade individual seja uma doutrina nova e estranha à consciência dos homens civilizados. Creio que possa ser demonstrado que, ao contrário, ela é a doutrina tradicional e ortodoxa, e que a teoria do Estado absolutamente soberano, que não é sujeito a qualquer lei superior e, em si mesmo, é a fonte da lei mais alta de seu povo, consiste numa aberração e numa heresia que floresceu, embora nunca sem protestos, durante as décadas finais do século XIX e as iniciais do século XX.

Ao presidente Wilson cabe a honra de ter sido o primeiro chefe de um grande Estado a atacar as fundações e a premissa dessa heresia. Foi exatamente o que ele fez em 6 de abril de 1917, quando, ao solicitar do Congresso o reconhecimento de que os Estados Unidos estavam em guerra contra o governo imperial da Alemanha, afirmou que deveríamos lutar não contra o povo alemão, mas contra "seus governantes". Não importa se muitos ou poucos alemães ele ou mais alguém julgou serem culpados e responsáveis: a partir do momento em que foi declarado que, numa guerra, os habitantes do Estado inimigo não são coletivamente indistinguíveis, a doutrina do Estado absolutamente soberano havia sido rompida.

O princípio defendido por Wilson em sua mensagem foi transportado ao Tratado de Versalhes, quando os Aliados e as Potências Associadas "denunciaram publicamente Guilherme II de Hohenzollern, antigo Imperador da Alemanha, por ofensa suprema à moralidade internacional e à santidade dos tratados".

Mas, em 1919, as nações viam-se relutantes por questões de doutrina e despreparadas por questões de conveniência para agir com base nesse princípio.

Em 1945, elas agiram com base nele. E o fizeram apenas depois de declarações explícitas, repetidas e formais de que assim o fariam. Desse modo, em 13 de janeiro de 1942, 28 meses antes da derrota da Alemanha, uma conferência Aliada de nove países ocupados da Europa colocou, "entre seus principais objetivos de guerra, a punição, através dos canais da justiça organizada, daqueles culpados e responsáveis por esses crimes, quer os tenham ordenado, perpetrado ou de alguma forma participado deles". Essa declaração contou com a aprovação do Reino Unido, dos Domínios Britânicos, da União Soviética, da China, da Índia e dos Estados Unidos, todos eles participando como observadores. Esses países, subseqüentemente e de forma repetida, assumiram compromissos da mesma natureza, e foi nessas declarações que teve origem o processo movido contra os criminosos de guerra.

Embora as Nações Unidas tenham começado de forma empírica, tentando primeiro coibir as autoridades dos países inimigos e "os que, até o momento, não mancharam suas mãos com sangue inocente"'* para então exigir retribuição, a evolução da doutrina e da prática as levou muito além do caso dos criminosos daquela guerra em particular. No julgamento de Nuremberg, essas nações se comprometeram com o princípio geral de que não apenas aqueles agressores alemães, mas também todos os agressores futuros seriam responsabilizados nos termos da mesma lei. Ao assim se engajar, as Nações Unidas adotaram os elementos que formam "a diferença característica entre uma liga mundial e um Estado mundial".

Ao examinarmos o que aconteceu, percebemos o que poderá vir a acontecer. A Organização das Nações Unidas não é uma outra Liga das Nações tornada impotente pelo veto. É a instituição constituinte de um Estado mundial já agora direcionado ao estabelecimento de uma ordem universal na qual a lei, formulada para manter a paz, incide individualmente sobre pessoas.

Ninguém pode prever o quão rapidamente e até que ponto a humanidade irá agora avançar em direção à formação de um Estado mundial, nem como serão os órgãos legislativo, executivo e judiciário desse Estado. É possível que venhamos a fracassar de todo e que estejamos fadados à desolação da total anarquia. Nada do que é possível acontecer é certo que venha a acontecer. Mas o que podemos provar – e trata-se de uma conclusão do mais alto significado – é que a potencialidade de um Estado mundial é inerente às Nações Unidas. Quando digo inerente, quero dizer que esse é o propósito e a lógica segundo os quais as Nações Unidas têm que evoluir para que possam caminhar em direção a uma ordem mundial duradoura. O Estado mundial é inerente às Nações Unidas como um carvalho é inerente à sua semente. Nem todas as sementes se transformam em carvalhos, muitas caem em chão pedregoso ou são devoradas por animais selvagens. Mas se

---

* Declaração do presidente Roosevelt, do primeiro-ministro Churchill e do premier Stálin, firmada na Conferência Tripatite de Moscou, em 1º de novembro de 1943.

uma semente chega a amadurecer, ela jamais se transformará numa baleia ou numa orquídea. Só poderá se tornar um carvalho. Essa é a potencialidade inerente a seu organismo. Nesse sentido, não uma outra Liga das Nações, mas sim um Estado mundial, no exato sentido do termo, é inerente e potencial ao organismo embrionário das Nações Unidas.

O reconhecimento dessa verdade será, em si, um fato que irá afetar o curso dos acontecimentos. Pois quando uma idéia que desperta esperanças nos homens é percebida como consistente com seus atos, ela evoca e organiza suas energias. Deixa de ser uma abstração ou uma essência e passa a ser uma força dinâmica em sua conduta. Há idéias que abalam o mundo e o transformam.

O projeto de um Estado mundial é uma dessas idéias. Nem sempre foi assim, apesar de que já há alguns milhares de anos da história ocidental, pelo menos desde o tempo em que os filósofos estóicos ensinavam, os homens vêm sendo capazes de transcender sua herança tribal e imaginar a idéia de um Estado universal. Mas, por longas eras, também foram capazes de imaginar muitas coisas que não conseguiam alcançar – por exemplo, que o homem conseguisse voar, e que nenhum ser humano deveria ser escravo de outro. Muito teve que acontecer, muitas experiências tiveram que ser vividas, muito teve que ser descoberto antes de a abolição da escravatura e a arte de voar se tornarem idéias realizáveis. O mesmo aconteceu com o ideal da união da humanidade sob uma lei universal. Muito teve que acontecer, muitas experiências tiveram que ser vividas, muito teve que ser descoberto e aprendido antes que os povos que lideram o mundo pudessem chegar ao ponto onde a formação de um Estado mundial fosse não apenas o que muitos desejavam, mas também o que estavam engajados em criar.

Agora, o antigo ideal se transformou numa idéia, indispensável de fato, que os homens viram-se obrigados a adotar: não há outra maneira de exigir justiça pelos crimes de guerra, nenhuma outra maneira de criar salvaguardas efetivas contra o mau uso das armas de destruição em massa, nenhuma outra maneira de fazer valer os tratados internacionais. A solução dos problemas práticos mais urgentes e o avanço rumo a uma ordem pacífica mais ampla e maior dependem dessa idéia fundamental. Não temos que hesitar em reconhecer esse fato, proclamá-lo e abraçá-lo como o princípio criativo da futura ordem humana.

Não nossos poderes de persuasão, mas a inevitabilidade da verdade acabará por converter as mentes dos homens e conquistar seu apoio. Não precisamos supor que todas as nações e todos os povos que as habitam venham a se tornar, de uma hora para outra, unânimes e incandescentes de entusiasmo pela idéia da fundação de um Estado mundial. Alguns têm que se convencer antes que muitos possam ser convencidos e, em condições previsíveis, os negócios do mundo, por muito tempo ainda, continuarão a ser determinados com base em rivalidades, combinações e no desconfortável equilíbrio entre Estados poderosos e soberanos. Mas, nessas condições, um novo acontecimento talvez possa, como de fato poderá, intervir como um novo fator. Esse acontecimento será a decisão do povo americano de converter no principal elemento de sua política externa a criação de um Estado mundial.

É possível fazer com que isso aconteça. Pois o povo americano, que aprendeu que não pode viver isolado, não tem inclinação nem aptidão para uma carreira de potência mundial entre outras potências mundiais, nem acredita que uma situação como essa possa levar a bons resultados. Intuitivamente e por tradição, os americanos acreditam que a segurança, a serenidade e as grandes realizações exigem uma ordem universal baseada em leis de aplicação igualitária, e jamais serão alcançadas por meio de um mero equilíbrio entre Estados soberanos. Direcionar o poder e a influência dos Estados Unidos à promoção e à defesa de um Estado mundial, portanto, seria consonante com os ideais e com os interesses americanos.

Se esse fosse o núcleo dinâmico da política externa dos Estados Unidos, a influência que essa decisão exerceria sobre a humanidade seria enorme. Os Estados Unidos encontram-se no zênite de seu poder e, pelo menos por enquanto, são o único país a possuir a arma mais devastadora já construída na Terra. Não há dúvida de que se os Estados Unidos, neste momento da história, elevassem o padrão, muitas nações imediatamente viriam se juntar a eles e, em todas as outras nações do mundo, um número cada vez maior de pessoas faria o mesmo.

Em toda a história do mundo, nunca um povo teve a oportunidade que temos agora, embora ela seja passageira e tenha que ser usada de imediato. Podemos empregar a preeminência de nosso poderio militar para fazer com que um ideal que abranja toda a humanidade, e não apenas os Estados Unidos da América como Estado nacional, possa dominar e conquistar o mundo. As questões territoriais e de recursos, bem como todos os intrincados problemas de resolver a guerra e de estabelecer a paz, ainda terão que ser resolvidos. A luta dos homens civilizados contra o recalcitrante, o maligno e o estúpido que vive dentro de cada um de nós e à nossa volta nunca terá fim. Mas o quão diferentes seriam os pressupostos e as expectativas da diplomacia se nós, como a grande potência que somos, e acompanhados de outras nações que certamente ficariam de nosso lado, assumíssemos o compromisso de estabelecer uma ordem mundial baseada no direito universal! O simples fato de ter iniciado essa empreitada, embora seus primeiros passos sejam pequenos e difíceis, significaria introduzir uma nova orientação em todos os cálculos e juízos sobre as relações internacionais e, nas vidas humanas, um novo e irresistível sentido de propósito.

14

A SAÍDA

Albert Einstein

ALBERT EINSTEIN, ganhador do prêmio Nobel de 1921 e talvez o maior de todos os físicos vivos, deu início ao trabalho do governo no projeto do urânio com sua carta ao presidente Roosevelt, datada do outono de 1939, na qual esboçou as possibilidades desse projeto.

A construção da bomba atômica trouxe como efeito o fato de que todos os habitantes das cidades, por toda parte e de forma constante, vivem agora sob a ameaça de destruição repentina. Não há dúvida de que essa condição tem que ser abolida para que o homem possa se mostrar digno, pelo menos em alguma medida, da autodenominação de *homo sapiens*. No entanto, ainda existem opiniões vastamente divergentes quanto ao grau em que as formas sociais e políticas tradicionais, desenvolvidas ao longo de toda a história, terão que ser sacrificadas para que a segurança que desejamos possa ser atingida.

Após o término da Primeira Guerra Mundial, vimo-nos confrontados com uma situação paradoxal no que concerne à solução dos conflitos internacionais. Uma corte internacional de justiça foi estabelecida com o objetivo de dar, com base no direito internacional, uma solução pacífica a esses conflitos. Foi criado também um instrumento político visando a assegurar a paz através de negociações internacionais realizadas no âmbito de uma espécie de parlamento mundial, a Liga das Nações. As nações unidas nessa Liga, além disso, proscreveram como crime o método de resolução de conflitos por meio de guerras.

Dessa forma, as nações viram-se imbuídas de uma ilusão de segurança que acabou por levar, como era inevitável, a uma amarga decepção. Isso porque a melhor corte de justiça é inócua se não contar com o respaldo de autoridade e poder para colocar em prática suas decisões, e exatamente o mesmo vale para um parlamento mundial. Um Estado individual dotado de poder militar e econômico suficiente pode facilmente recorrer à violência e, de forma proposital, destruir toda a estrutura de segurança supranacional fundada apenas em palavras e documentos. A autoridade moral, por si só, é um meio insuficiente para assegurar a paz.

A Organização das Nações Unidas encontra-se hoje em processo de teste. É possível que, futuramente, ela venha a se constituir no organismo da "segurança sem ilusões" de que tanto precisamos. Mas, até agora, não foi além da esfera da autoridade moral, o que, em minha opinião, é absolutamente necessário.

Outras circunstâncias tornam ainda mais séria nossa presente situação, mas apenas duas delas serão aqui discutidas. Enquanto um Estado, apesar de condenar oficialmente a guerra, tiver que levar em conta a possibilidade de ter que lutar, precisará influenciar e educar seus cidadãos – sua juventude, em particular – de forma a que, na eventualidade de uma guerra, eles possam ser facilmente transformados em soldados eficientes. Esse Estado, portanto, será obrigado não apenas a cultivar um treinamento técnico-militar e um determinado modo de pensar, mas também a incutir em seu povo um espírito de vaidade nacional que garanta que eles estejam interiormente preparados para a eclosão de uma guerra. Como é evidente, esse tipo de educação vai contra todos os esforços no sentido de estabelecer a autoridade moral de uma organização de segurança supranacional.

O perigo das guerras, em nossa época, é agravado por outro fator de natureza técnica. Os armamentos modernos, em particular a bomba atômica, fizeram com que os meios de ataque ganhassem vantagens consideráveis sobre os meios de defesa. E é bem possível que essa situação leve mesmo os mais responsáveis estadistas a se lançar em uma guerra preventiva.

Tendo em vista esses fatos evidentes, há, em minha opinião, *uma única* saída.

É necessário que sejam estabelecidas condições que assegurem aos Estados o direito de solucionar seus conflitos com outros Estados em bases legais e sob jurisdição internacional.

É necessário que uma organização internacional, contando com o apoio de uma força militar que esteja sob seu exclusivo controle, impeça que os Estados venham a declarar guerra.

Somente quando essas duas condições tiverem sido integralmente atendidas poderemos ter algum grau de certeza de que, de uma hora para outra, não iremos desaparecer na atmosfera dissolvidos em átomos.

Do ponto de vista da mentalidade política que atualmente prevalece, pode parecer ilusório, e até mesmo fantasioso, esperar que condições como essas venham a se realizar num prazo de poucos anos. Entretanto, sua realização não pode esperar que a evolução histórica gradual siga seu curso. Pois, enquanto não alcançarmos essa segurança militar supranacional, os fatores acima mencionados poderão nos forçar a ir à guerra. Ainda mais que o desejo de poder, o medo de um ataque repentino se mostrará desastroso para nós, se não enfrentarmos de forma aberta e decidida o problema de retirar das esferas nacionais o poderio de sua força militar, transferindo-o a uma autoridade supranacional.

Levando na devida conta as dificuldades envolvidas nessa tarefa, existe *um único* ponto sobre o qual não tenho qualquer dúvida. *Seremos capazes de solucionar esse problema quando ficar evidente a todos que não há outra saída, nem uma saída mais barata para a situação atual.*

Sinto-me agora obrigado a dizer algo sobre cada uma das medidas que poderiam levar a uma solução para o problema de segurança.

1. Inspeções mútuas entre as grandes potências militares dos métodos e instalações usados na produção de armas ofensivas, aliadas ao intercâmbio de descobertas técnicas e científicas pertinentes, diminuiriam o medo e a desconfiança, pelo menos por um algum tempo. Durante a pausa para respirar que isso nos permitiria, teríamos que nos preparar para medidas mais radicais. Pois essa medida preliminar seria tomada com a consciência de que o objetivo último é a total desnacionalização de todo o poderio militar.

    Essa primeira medida é necessária para tornar possível qualquer medida posterior. No entanto, temos que nos acautelar contra a crença de que sua concretização resultaria em segurança imediata. Restaria ainda a possibilidade de uma corrida armamentista com vistas a uma eventual guerra futura, e existe sempre a tentação de, mais uma vez, recorrer, por meio de métodos "clandestinos", ao sigilo militar, ou seja, manter em sigilo o conhecimento sobre métodos e meios, e sobre os preparativos para a guerra efetivamente em curso. Uma real segurança está indissociavelmente vinculada à desnacionalização do poderio militar.

2. Um passo preliminar para essa desnacionalização seria o intercâmbio crescente e regular de pessoal militar e técnico-científico entre os exércitos das diferentes nações. Esse intercâmbio deve obedecer a um plano cuidadosamente elaborado, cujo objetivo seria a conversão sistemática dos exércitos nacionais numa força militar supranacional. Um exército nacional, pode-se dizer, é o último lugar onde se poderia esperar o enfraquecimento dos sentimentos nacionais. Mesmo assim, seria possível imunizar-nos progressivamente contra o nacionalismo em um ritmo proporcional pelo menos à construção do exército supranacional, e todo o processo será facilitado por sua integração ao recrutamento e ao treinamento deste último. O processo de intercâmbio de pessoal reduziria ainda mais o perigo de ataques surpresa e, em si, lançaria as bases psicológicas para a internacionalização dos recursos militares.

Simultaneamente, as principais potências militares poderiam elaborar versões preliminares de documentos de trabalho visando à criação de uma organização de segurança supranacional e de uma comissão de arbitragem, bem como as bases legais estipulando de forma precisa suas obrigações, competências e restrições com relação às nações. Também poderiam ser tomadas decisões quanto ao sistema eleitoral visando ao estabelecimento e à manutenção desses órgãos.

Quando um acordo sobre esses pontos houver sido alcançado, estará assegurado que guerras de dimensões mundiais nunca mais voltarão a ocorrer.

3. Os órgãos acima citados estariam então prontos para entrar em funcionamento. Os vestígios dos exércitos nacionais poderiam ser dispersados ou colocados sob o comando superior da autoridade supranacional.

4. Após ter sido assegurada a cooperação das nações de maior importância militar, deve-se tentar fazer com que todas as nações, se possível, incorporem-se à organização supranacional, se elas, voluntariamente, decidirem-se a tal.

Este esboço talvez dê a impressão de que um papel excessivamente dominante será atribuído às potências militares atualmente preponderantes. Foi minha intenção, contudo, apresentar o problema com vistas a uma solução suficientemente rápida, que nos poupará de dificuldades ainda maiores que as inerentes à natureza de uma tal empreitada. É claro que seria mais simples chegar a um acordo preliminar apenas entre as grandes potências militares que entre *todas* as nações, grandes e pequenas, uma vez que um organismo que reunisse os representantes de todas as nações seria, inevitavelmente, um instrumento canhestro para a concretização rápida até mesmo de resultados preliminares. Mesmo assim, a tarefa que temos pela frente requer de todos os interessados o máximo de sagacidade e de tolerância, que só poderão ser alcançados se tivermos plena consciência das duras necessidades que teremos que enfrentar.

15

A SOBREVIVÊNCIA ESTÁ EM JOGO

*Federação de
Cientistas (Atômicos) Americanos*

Os cientistas americanos, conscientes de sua responsabilidade de dar plena divulgação às implicações dos avanços no campo da ciência, vêm-se mobilizando desde o fim da guerra. No mês de outubro, cientistas do projeto atômico uniram forças e, em dezembro, foi formada a Federação de Cientistas Americanos, aberta a todos os cientistas e engenheiros. Associações de todo o país filiadas à Federação vêm incentivando discussões qualificadas de natureza científica e política, tais como as apresentadas neste livro.

Este é um livro incomum. Foi escrito por muitas pessoas. Às vezes, é repetitivo, e suas páginas trazem opiniões divergentes, da mesma forma que há divergências por toda a parte, entre cientistas e não-cientistas, em nosso país e em outros. Não haver ainda um forte consenso sobre o padrão básico da exata solução para essa questão de tão vital importância é uma circunstância grave e perigosa. O fato de esse consenso ainda não existir, sete meses após a bomba ter-se tornado uma realidade, revela, acima de tudo, o quanto o problema é grave, pois mostra que a corrida armamentista, que pode significar nossa ruína, vem ocorrendo com muita força.

É preciso pôr fim à corrida armamentista. Este livro foi construído com o único objetivo de ajudar a pôr fim a ela. Ele não é capaz de fazer o que mais precisa ser feito, que é formular uma solução. Mesmo assim, o livro tem unidade e atinge um propósito: coloca o problema a nossa frente de forma completa, embasada em autoridade genuína e reunida em um único volume. Os autores, cada um a seu modo, reconheceram a natureza do problema e, a partir daí, fornecem parâmetros com os quais qualquer solução que venha a ser proposta deve ser avaliada.

E isso é mais que meio caminho andado. Há mais a temer do medo que da discordância, mais a temer da irrelevância que da imperfeição. A natureza multifacetada do problema da energia atômica fica clara a partir do próprio conteúdo deste livro. E igualmente claros são os pontos estruturais com os quais todos os autores concordam:

- O problema nos trouxe a uma das grandes crises da história.
- O problema se transferiu ao plano político e lá permanecerá. A ciência não conseguirá inventar uma defesa que faça com que o problema desapareça.
- O problema é um problema mundial. Não pode haver soluções meramente nacionais.

Nós, da Federação de Cientistas Americanos, nos propomos aqui a discutir alguns dos termos da solução e apontar algumas linhas de ação. Mas, antes disso, queremos ressaltar um ponto que não foi suficientemente enfatizado.

Se o terror despertado pela bomba é grande, e com razão, as esperanças despertadas nos homens pela liberação da energia nuclear são ainda maiores. O fruto dessa ciência que segue a magnífica tradição de Galileu, o resultado dessa complexa organização social que tornou possível a cidade de Nova York e a usina de plutônio de Hanford, é a liberação da energia nuclear em grande escala. Hoje, não conseguimos ver nada além de um tênue vislumbre do que essa nova força pode significar para os homens. Mas nossa crença como cientistas, e nossa experiência como cidadãos do século XX, nos diz que ela poderá significar muito. Ela crescerá e se desenvolverá. Ganhará vida própria. Nenhuma influência observada em nossa época poderá evitar que isso aconteça.

No entanto, é eloqüente e irretorquível o argumento deste livro de que esse crescimento trará morte à sociedade que o produziu se não nos adaptarmos a ele. Esse é o dilema trazido pela liberação da energia nuclear a um mundo já dilacerado por uma terrível guerra. *As nações poderão ter energia atômica e muito mais. Mas elas não poderão tê-la num mundo onde a guerra ainda pode acontecer.*

Há um único meio de instigar as mudanças necessárias, pois só há uma única solução. As nações terão que colaborar no desenvolvimento dessa nova força. Elas, na verdade, não conseguirão agir de outro modo e sobreviver. A nova energia é, por assim dizer, nosso inimigo comum, e tem que ser transformada em nosso aliado comum. Isso pode ser feito. Todos vocês entenderam as propriedades únicas do urânio e a natureza inovadora das técnicas que visam a controlá-lo e explorá-lo. Nesse novo campo, quanto menos nosso caminho for impedido pelos velhos conflitos nacionalistas que hoje dividem o mundo, mais poderemos avançar e, na verdade, só assim qualquer avanço será possível. Por inúmeras vezes os controles e as salvaguardas contra o mau uso da energia nuclear foram discutidos como algo particular e estático, à parte de seu processo de desenvolvimento. No entanto, é evidente que seu desenvolvimento, se planejado internacionalmente, irá simplificar e tornar naturais esses controles, que ficariam incertos caso as nações se decidissem por agir de forma isolada. Do sucesso de uma tal colaboração, além disso, resultará um ainda maior. A posse comum da energia atômica e a prevenção da guerra atômica irão pôr fim à guerra em si. Isso está contido no cerne da solução.

Que propriedades específicas essa solução virá a exibir? Se ainda não somos capazes de esboçá-las numas poucas páginas, já podemos listar alguns critérios pelos quais a legitimidade dos programas e das propostas, venham de onde vierem, pode ser avaliada.

Em primeiro lugar, nosso país, os Estados Unidos, tem uma responsabilidade peculiar. Fomos os primeiros a usar a bomba; apenas nós as fabricamos. Nosso compromisso de assumir a iniciativa de projetar maneiras de controlar a energia nuclear deriva não apenas das declarações de nossos líderes, mas também da própria existência das usinas de Oak Ridge. *Nenhum programa é sólido a não ser que reconheça os deveres especiais dos Estados Unidos, a não ser que se baseie no princípio de que nosso discernimento e nossa paciência têm que ser maiores que os de todos os demais. As bombas trazem a marca "Made in USA".*

Em segundo lugar, o ano de 1946 tem particular importância – assim como o próximo ano e o ano depois do próximo. Soluções não crescem em alguns poucos meses, mas elas têm que ser plantadas. O tempo de começar é agora. A chance de chegarmos a uma boa solução para o dilema é maior enquanto o problema ainda é recente, enquanto o desenvolvimento da energia nuclear e das bombas que foram seus primeiros frutos ainda é novo e não se disseminou. Se for permitido que a energia nuclear cresça e se desenvolva de forma descontrolada, teremos perdido uma oportunidade única. *Qualquer programa de solução que não conte-*

nha medidas a serem tomadas de imediato não reconhece a natureza do problema. Não temos muito tempo pela frente.

Em terceiro lugar, a solução não pode ser meramente formal, embora ela, inevitavelmente, venha a gerar novos direitos e novas leis. Ela tem que ser corporificada, tem que envolver uma instituição capaz de gerir um orçamento próprio e empregar homens sérios e inteligentes. Seria impossível definir a forma final do órgão proposto, seja ele qual for, mas temos que ter um ponto de partida. E o plano inicial deve abrir espaço para o crescimento e o desenvolvimento dessa instituição, da mesma forma que o problema irá crescer e se desenvolver. Aqui, antes de mais nada, a mão cansada da rotina deve ser mantida à distância. As propostas técnicas e organizacionais têm que permitir flexibilidade, ou elas não serão úteis. *Propostas que, por um lado, não impliquem mudanças substantivas e não demandem uma equipe profissional não terão êxito; por outro lado, propostas que tentem repartir entre diversas agências os problemas acumulados ao longo de uma década também não terão sucesso. Trata-se aqui de um problema de homens vivos, um fenômeno em desenvolvimento. A solução não pode, em sua totalidade, ser colocada no papel.*

Um outro ingrediente é indispensável, mas ele não será encontrado neste livro. Ele está em você. A Federação de Cientistas Americanos representa homens que perceberam tanto uma esperança quanto uma ameaça na bomba que, por tão longo tempo, ajudaram a criar. Conhecem os fatos, por longos anos os observaram e estudaram, quando tudo ainda era segredo. Hoje, os fatos são do conhecimento de todos. Eles são visíveis nas ruínas enferrujadas de Hiroshima. Eles estão aqui mesmo, neste livro, em suas mãos. A não ser que esses fatos se tornem reais para você, a não ser que você aprenda com eles o que nós aprendemos

– que temos que partir para a ação –, nosso problema jamais terá resposta. Em momento algum um povo teve tantas oportunidades e tamanha responsabilidade como têm hoje os cidadãos dos Estados Unidos. Temos que aprender a usá-las, pois, depois de uma guerra atômica, nenhuma medida de boa vontade ou de inteligência poderá ajudar a trazer uma paz permanente aos sobreviventes. Eles as buscarão nos destroços caóticos de suas cidades.

O que você pode fazer?

De partida, agora que você leu este livro, discuta-o com seus amigos, não o ponha de lado. Uma grande decisão depende de até que ponto você e seus representantes eleitos irão entender e agir com base nos fatos e nas propostas apresentadas nestas páginas.

Dê prosseguimento ao seu treinamento de sobrevivência mantendo-se bem informado. Solicite os boletins informativos e os relatórios preparados por cientistas e publicados pela Comissão Nacional de Informação Atômica.

Faça com que seus senadores e congressistas saibam que você tem consciência da gravidade sem precedentes do problema. Insista junto a eles para que atuem com coragem e visão na resolução dos problemas da bomba atômica no quadro das novas idéias que, como este livro demonstra, são necessárias para a solução.

O tempo é curto. E a sobrevivência está em jogo.

Impressão e Acabamento